다음 생에 무엇으로 만날까?

일러두기

- 이 책은 저자가 '천도'라는 한 주제로 여러 교당에서 설교한 내용을 바탕으로 쓰였기 때문에 동일한 예화가 있음을 미리 밝혀둡니다. 그런데도 그대로 둔 것은 다시 찾는 불편을 덜어드리기 위해서입니다.
- 인거한 인물에 대해서는 생몰연대를 참고할 수 있게 했습니다.
- 원래 본문의 내용은 강단용이었기 때문에 구어체로 작성되었으나, 이 책에서는 가급적 문어체로 바꾸어 출판했음을 밝힙니다.
- 앞서 발간된 『지은 것은 받게 되고 가면 온다』(2020, 비매품)가 출가교무를 위한 책이었다면, 이 책은 그 내용을 수정 보완하여 일반 독자들을 위해 내놓는 보급판입니다.

삶을 바꿀 수 있는 죽음과 천도에 관한 이야기

천도재 설교

다음 생에 무엇으로 만날까?

김일상 지음

편집자의 말

사람은 죽으면 어디로 갈까요? 49일 동안 중음의 세계를 떠돈다고 하는데, 그 세계는 어떤 풍경일까요? 과연 내생은 존재할까요? 정말로 죄를 지으면 지옥에 가고 선업을 쌓으면 낙원으로 가는 것일까요? 죄를 지으면 끝없이 윤회의 고통 속에 놓이게 된다는데 죽음 이후에 새로운 생을 받는 것이 좋은가요 아니면 윤회를 끝내는 것이 좋은가요? 질문은 끝이 없습니다.

누구나 한두 번 이런 생각을 해보지 않은 사람은 없을 것입니다. 하지만 이런 의문에 대하여 현실적으로 확실한 대답을 얻기는 매우 어렵습니다. 당장 우리 눈으로 확인할 수 없는 사후세계는 말처럼 그렇게 간단하지가 않기 때문입니다.

우리는 부처님께서 설하신 여러 경전과 옛 선지자들이 말씀하신 어록에서 사후세계의 풍경을 조금이나마 찾아볼 수 있습니다. 이 책 『다음 생에 무엇으로 만날까?』는 경전 속의 다양한 예화를 들어가며 죽음 이후의 세계를 설명하고 있습니다. 죽음의 세계가 무섭거나 두렵기보다는 생과 사의 과정이라는 것을 편하고 쉽게 공감할 수 있도록 쓴 책입니다. 특히 소중한 인연을 위해 천도재를 모셔드리는 가족들이 슬프고 당황스러운 상황에서도 차분히 장례를 치르면서 고인의 명복을 빌 수 있도록 도움을 드리고자 하였습니다.

물론 삶과 죽음, 천도를 조명하는 책들은 시중에 수없이 나와 있습니다. 이 책 역시 그런 책 가운데 하나일 수 있습니다. 하지만 『다음 생에 무엇으로 만날까?』가 특별한 이유는 월산 김일상 교무가 40여 세월을 교역에 임하며 겪어낸 천도의 의미를 그대로 풀어 쓴 책입니다. 몸으로 익히고 마음으로 증득한 원불교 천도의식이 교화에 중요한 영역이라는 것을 알려주고 있습니다. 또한 다른 영가들의 천도를 위해 노력하면서 자신 천도를 위해 정진적공하기를 바라는 저자의 마음이 담겨 있습니다. 저자의 노고가 깊었던 만큼 책장을 넘길수록 삶과 죽음이 둘이 아님을 확연히 인식할 수 있으리라 기대합니다. 더욱이 풍부한 예화를 평이한 문체로 집필하여 원불교를 처음 접하는 분들도 이 책에 녹아있는 천도의 가르침을 쉽게 이해할 수 있도록 배려했습니다.

아무쪼록 이 책 『다음 생에 무엇으로 만날까?』가 영가는 물론 유족, 친지들에게 정법에 인연을 맺는 소중한 기연이 되고, 마음에 위안이 되면 좋겠습니다. 더욱이 생사 변화에 대한 깊은 통찰과 깨달음으로 안내하여 영가의 명로를 밝히고 진급의 길로 이끄는 공덕이 있기를 기원하면서 깊은 독서를 권합니다.

원기105년 새봄에
도서출판 동남풍 주성균·천지은 합장

차례

편집자의 말　　　　　　　　　004

1부
立大願力
莫着而去

천도재란 무엇인가　　　　　　010
죽음의 보따리　　　　　　　　019
죽음은 새로운 삶의 출발　　　026
착심에서 벗어나자　　　　　　030
생사는 둘이 아니다　　　　　　036
천도는 영생의 효　　　　　　　041
세상에 세 가지 어려운 일　　　047
잘 죽어야 잘 태어남　　　　　052
흙수저 금수저　　　　　　　　055
요절한 영가에게　　　　　　　058
부처의 아버지, 정반왕의 죽음　066

2부
知無生死
證無生死
用無生死

시절 인연　　　　　　　　　　074
생사 거래의 세 가지 근기　　　082
생의 표준　　　　　　　　　　088
업력을 굴리는 공부　　　　　　094

육도의 세계	099
변하는 이치	104
일자출가 구족생천	108
인연의 진리	116
생사 법문 세 가지	123

3부
會者定離
生者必滅

기독교인 열반자를 위한 천도	132
마음을 잘 쓰자	137
인연과 생사 법문	142
사람의 몸을 받는 두 길	148
부모의 은혜	152
열반의 씨	157
회자정리 생자필멸	160
전무출신의 서원	164
아름다운 이별	169
착 없는 마음과 큰 원력	175
생사는 거래	179
몸을 받는 두 가지 형태	182
열반의 길 세 가지	186

1부
원력을 크게 세우고
착 없이 떠나소서

立大願力
莫着而去

천도재란 무엇인가

천도재薦度齋는 무엇일까요?

정산[鼎山-宋奎. 1900~1962] 종사께서는 천도를 "천도라 함은 악한 이를 착한 이로 돌리고 낮은 데에서 높은 데로 이끌어 제도하여 주는 것"이라고 정의했습니다. 그리고 이를 좀 더 구체화하여 "영가靈駕로 하여금 이고득락離苦得樂케 하며, 지악수선止惡修善케 하며, 전미개오轉迷開悟케 하는 것"이라고 했습니다.

즉, 고통에서 벗어나 즐거움을 얻게 하고, 악업을 그치고 선업을 닦게 하며, 미혹의 굴레에서 벗어나 깨달음을 이루게 한다는 것입니다. 따라서 천도재는 악도를 놓고 선도로 들어서게 하는 천도의식입니다.

천도는 자기가 자신을 천도하기도 하고 타력에 의해 천도를 받기도 합니다. 그러므로 천도재는 타력을 가하여 영가가 천도될 수 있도록 하는, 거룩하고 경건한 의식으로 안내하고 축원하는 것이

주된 내용입니다.

천도와 천도재가 이런 의미를 담고 있으므로 살아 있을 때나 죽어서나 다 필요한 것이지만, 살아서 스스로 천도할 능력을 갖추면 그것이 가장 이상적이라 할 것입니다. 따라서 남의 힘을 빌리지 않고 내 힘으로 나를 건져내는 것이 가장 완전하다고 여겨지는 것입니다.

영가께서 혹시라도 착심을 가지고 남을 미워하고 원망하며 화를 내는 등의 원진怨瞋이 남아 있다면, 이를 여의고 청정 일념으로 생사를 직관할 것을 당부드립니다. 그리고 다시 사람의 몸을 받아 이 세상에 와서도 한없는 세월을 인도에 환생하여 불과佛果를 이룰 수 있도록 불법을 떠나지 않기를 기원합니다. 동시에 이 자리에 함께한 모두가 생전에 자신의 천도를 마치는데 도움을 받으실 수 있도록 부처님의 천도법문을 소개하려 합니다.

정산 종사께서는 생전에 자신을 천도하는 도를 다섯 가지로 말씀해 주셨습니다.

첫째, 불연을 맺어야 한다.

이는 정법회상에 인연이 없으면 천도를 받기가 어렵기 때문에 먼저 불연을 맺어야 한다고 하신 것입니다. 불법은 그 어느 종교의 법보다 천도에 대해 진리적이고 사실적인 법을 펴고 있습니다. 그 실제가 바로 49재입니다.

불교의 《지장경》에 49재의 유래가 나옵니다. 과거 무수겁 전에 '각화정자재왕여래覺華定自在王如來'라는 부처님이 있었는데, 그 부처님께서 열반한 후 어느 브라만의 마음씨 착한 딸이 평소에 많은 죄악을 짓고 죽은 어머니를 위하여 향화를 올리고 수없이 절하며 어머니의 천도를 기원하였습니다. 이때 공중에서 소리가 들렸습니다.

"성녀聖女야, 울지 마라! 나는 각화정자재왕여래로 너의 지극한 효성에 감응해서 왔노라. 네가 속히 기도를 마치고 나의 이름을 염송하면 너의 어머니가 수생한 곳을 알리라."

딸이 집에 돌아와 하루 밤낮으로 염불하자 비몽사몽간에 지옥을 구경하게 되었습니다. 그곳에서 무독귀왕無毒鬼王에게 물었습니다.

"왜 지옥 중생들이 고통을 받습니까?"

"지옥에 와서 고통을 받는 중생들은 모두가 사바세계에서 죄악을 짓다가 새로 죽어온 자들로, 49일이 지나되 권속이나 친척의 천도가 없고 또는 당사자로서 평생에 지은 선행이 없기 때문에 이렇게 고통을 받는 것이다."

딸이 물었습니다.

"죽은 지 얼마 안 되는 우리 어머니는 어느 지옥에 계시나요?"

"그는 사흘 전에 극락으로 갔다는 말을 들었다."

깨고 보니 꿈이었습니다. 딸은 각화정자재왕여래를 모신 절에 가서 '어떠한 방편을 다해서라도 죄고로 신음하는 중생을 제도하리라.'고 서원했습니다. 그리하여 후에 '지장보살'이 되었다고 합니다.

오늘날 지장보살은 지옥에서 고통받는 중생들을 구원하기 위하여 지옥에 몸소 들어가, 죄지은 중생들을 교화, 구제하는 지옥세계의 부처님으로 많은 사람이 신앙하고 있습니다.

중요한 것은 불연이 있어야 한다는 것입니다. 그래야 불법을 아는 인연 있는 사람들로부터 천도재를 받고, 그 공덕으로 극락왕생할 수 있기 때문에 천도의 첫 번째로 불연이 강조되는 것입니다.

둘째, 믿음을 세워야 한다.

정당한 타력신과 자력신이 확립되면 스스로 천도의 길을 헤쳐 갈 수 있고, 설사 자신의 힘이 부족하다고 해도 안내하는 것을 믿고 따르면 천도를 받는 데에 어려움이 없기 때문에 신심을 강조한 것입니다.

기원전 2세기경, 한 왕이 나가세나 존자에게 물었습니다.

"불가에서는 흔히 설사 백 년 동안 죄를 지었더라도 목숨이 다

할 즈음에, 부처님께 한마음으로 깨끗한 믿음을 내어 귀의한다면 그 공덕으로 극락에 난다고 하는데, 난 그 말을 잘 믿을 수가 없습니다."

"왕이여, 극히 작은 돌이 물에 뜰까요?"

"뜨지 않겠지요."

"그러나 백 근의 무거운 돌이라도 배에 싣는다면 물에 뜨지 않겠습니까?"

"물론 뜨지요."

"왕이여, 한마음 조촐한 믿음도 그와 같아서 아무리 죄 많은 중생이라도 부처님께 지성으로 귀의한다면, 그 믿음의 공덕으로 죄업이 소멸되고 극락에 나게 됩니다."

내 힘이 없으면 타력으로라도 좋은 삶과 죽음을 맞아야 하는데 그것은 진리와 부처님을 굳건히 믿는 신심이 있어야 합니다. 그 좋은 예가 바로 정산 종사에 대한 소태산 대종사님의 말씀입니다.

"정산은 세세생생 내 골마리[허리춤]에라도 차고 다닐 것이다."

셋째, 깨달아야 한다.

진리를 깨달으면 생사를 해탈하고 자유로우며 죄복을 임의로 하게 되고, 마음 또한 자유롭게 할 수 있기 때문에 진리를 깨달아야 한다고 하셨습니다.

천도의 힘이 없을 때에는 힘 있는 사람들의 도움을 받아야 하지만, 힘을 갖추게 되면 오고 가는 것에 걸림이 없게 되므로 정진하고 또 정진하여 천도를 임의로 해야 할 것입니다.

동산 양개[東山良价. 807~869. 당나라] 선사가 어느 날 법상에서 법문을 마치고 대중에게 말했습니다.

"난 오늘 갈라네."

어떤 젊은 스님이 물었습니다.

"스님, 어디로 가시렵니까?"

"그냥 갈라네."

동산 양개 선사는 법상에서 내려가 당신 방에 들어가 앉자마자 그대로 열반했습니다. 스님이 열반하자 대중이 스님 앞에서 울고불고했습니다.

동산 양개 선사가 너덧 시간이 지나 깨어나 말했습니다.

"내가 갈 때가 되어서 가는데 뭘 그렇게 우느냐?"

그리고 일주일간 안심安心 법문을 하고 대중에게 다시 한번 말했습니다.

"이제는 내가 가도 되겠지?"

이렇게 생시를 자유롭게 할 수 있으면 얼마나 좋을까요?

넷째, 공덕을 쌓아야 한다.

공덕을 쌓으라 함은, 평소 정신 육신 물질로 모든 동포에게 고루 덕을 베풀며 특히 제도 사업에 보시를 많이 하면 그 은덕을 흠모하고 칭송하는 사람이 많게 되므로, 오고 가는 데에 장애와 마장이 없이 언제 어디서나 천도를 받게 되기 때문입니다. 그래서 진리를 깨달은 사람들은 남김없이 베푸는 삶을 살다 세상을 떠났습니다.

혜월[慧月-慧明. 1862~1937] 선사가 울산 미타암에 거주할 때였습니다. 어느 날 재를 준비하려고 돈 100원을 들고 시장에 갔는데, 시장 입구에서 머리를 풀고 슬피 우는 한 아낙네를 보았습니다.

혜월 스님이 다가가 물었습니다.

"뭣 때문에 아침부터 모든 사람 다 정신 사납게 울고 있소?"

"아이고 스님, 말도 마십시오. 제가 보증을 선 것이 잘못되어 집이 다 날아가게 생겼습니다. 이 현실이 너무 분통 터져 이렇게 그냥 울고 있습니다."

"그러면 지금 해결해야 할 돈이 얼마요?"

"80원이라고 그랬어요."

당시 일제강점기였기 때문에 그 돈은 적은 돈이 아니었습니다. 혜월 스님이 말했습니다.

"그렇게 울고 있을 일도 아니고 내가 돈 좀 가져왔으니까 이거 당신 것으로 하시오."

혜월 스님이 아낙네에게 80원을 건넸습니다. 그런데 80원을 받은 아낙이 또 찔찔 짜는 것이었습니다.

"왜 또 찔찔 짭니까?"

"스님, 집은 이것으로 하면 건질 수 있겠습니다. 그런데 문제는 당장 돌아가도 먹을 게 없습니다."

혜월 스님은 또 측은한 마음이 발동해 남은 20원도 줘 버렸습니다. 재에 올릴 음식을 준비하려 했던 돈 100원을 모두 여인에게 주고 그냥 절로 돌아왔습니다.

절로 돌아오는 혜월 스님을 보고 절의 사무를 주재하는 원주院主 스님이 빈손으로 오는 이유를 묻자, 혜월 스님이 앞서의 사연을 이야기했습니다.

하루가 지나고 잿날이 되자 사람들이 마당에 가득했습니다. 그러나 재를 지낼 준비가 전혀 되어 있지 않았습니다. 맏상좌가 스님한테 따지자 원주 스님이 말했습니다.

"조실 큰 스님인 혜월 스님께 가서 물어보세요."

상주가 혜월 스님을 찾아가 말하자 혜월 스님이 말했습니다.

"내가 이래서 이렇게 되었다. 다 재 잘 지냈다. 그만 끝내라."

상주가 혜월 스님의 이야기를 듣고 말했습니다.

"아이고 큰 스님, 우리 재를 그렇게 잘 지내주셔서 고맙습니다."

상주는 오히려 고맙다며 용돈을 몇십 원 더 내주고 절에서 내려갔습니다.

다섯째, 일심을 청정하게 해라.

일심이 청정해야 오욕에 물들지 않아 모든 일에 집착하지 아니하고 생사를 넘나들 수 있기 때문이며, 쌓은 공덕 또한 제대로 활용할 수 있습니다.

생사의 도에서 핵심은 바로 일심입니다. 일심으로 살고 일심으로 떠나면, 생사 거래는 원하는 대로 되는 것입니다. 바꾸어 말하면 착심이 없어야 하는 것입니다.

영가시여!

이생에 혹시라도 마음에 맺힌 것이 있으면 모두 풀고, 내려놓으시기 바랍니다. 그 어느 것에도 묶이지 않는 착 없는 마음으로 훌훌 떠났다가 다시 오시기를 기원합니다.

죽음의 보따리

어느 날 소태산 대종사께서 제자들을 향해 "범상한 사람들은 현세現世에 사는 것만 큰일로 알지마는 지각이 열린 사람들은 죽는 일도 크게 아나니, 그는 다름이 아니라 잘 죽는 사람이라야 잘 나서 잘 살 수 있으며, 잘 나서 잘 사는 사람이라야 잘 죽을 수 있다는 내역과 생은 사의 근본이요 사는 생의 근본이라는 이치를 알기 때문이니라. 그러므로 이 문제를 해결하는 데에는 조만早晚이 따로 없지마는, 나이가 사십이 넘으면 죽음의 보따리를 챙기기 시작하여야 죽어서 떠날 때 바쁜 걸음을 치지 아니하리라."라고 말씀하셨습니다.

죽음의 문제를 해결한 사람들은 공통적으로 이 세상과의 하직을 참으로 멋지게 합니다.

원기47년(1962) 1월 22일, 정산[鼎山-宋奎. 1900~1962] 종사께서 목욕재계한 후 제자들을 모이게 하고 대산[大山-金大擧. 1914~1998] 송사로 하여금 당신이 제창한 삼동윤리三同倫理를 설명하게 하셨습니다. 삼동윤리인 동원도리同源道理·동기연계同氣連契·동척사업同拓事業을 풀어 보면, 진리는 하나, 모든 생명은 한 권속, 이 세상은 한 일터라는 의미인데, 이 말씀을 들으시고 제자들에게 물을 것이 있으면 물으라고 하셨습니다.

한 제자가 여쭈었습니다.

"삼동윤리를 스승님의 게송으로 하오리까?"

"그리하라."

정산 종사께서 이렇게 모임을 끝내고 이틀 후인 1월 24일 열반에 드셨습니다.

어떤 생명이 되었든지 한 번 세상에 모습을 보이면 언젠가는 그 모습을 감추어야 합니다. 이는 자연이 순환하는 진리입니다. 문제는 그 순환하는 진리를 알아 그에 순응해야 살아도 제대로 살고 죽어도 제대로 죽는 것이 됩니다. 제대로 살고 죽는 문제를 우리는 생사 문제라고 합니다.

대산 종사께서는 생사문제를 해결할 수 있는 길을 네 가지로 밝혀주셨습니다.

첫째, 착심 두는 곳이 없이 걸림 없는 마음을 늘 길들여 세욕에 묶여 살지 않는 공부를 하는 일입니다.

세상의 일을 살펴보면 착심을 키우는 일이 많습니다. 사랑과 미움, 욕심을 넘어 탐욕하는 마음이 모두 착심을 키우는 일입니다. 착심은 무게가 있어 제자리를 뜨지 못하는 특징이 있습니다. 접착성이 강해 떠날 마음이 있어도 떠나지 못하는 것입니다. 그 본보기로 부처님께서는 나무의 예를 들어주셨습니다. 나무를 베면 그 나무가 어느 방향으로 넘어지는가 하는 것이었습니다. 부처님께서는 가지가 많은 즉 무게가 실린 쪽으로 나무가 쓰러진다고 하셨습니다.

무게의 특성은 내려앉는 것입니다. 영혼이 착심에 의해 가볍게 뜨지 못하면 몸을 받기 어렵고, 몸을 받는다 하더라도 주변에 사람으로 태어날 인연이 적기 때문에 악도에 떨어지기 쉬운 것입니다. 그래서 착심을 두지 않고 살아야 하고, 특히 죽을 때에는 착심 없이 가야 제대로 갈 수 있다는 것입니다.

둘째, 생사가 거래인 줄 알아 늘 생사를 초월하는 마음을 길들여 죽음의 공포에서 벗어나는 해탈 공부를 해야 하는 일입니다.

1946년 만공[滿空. 1871~1946] 스님이 열반할 때의 일입니다. 만공 스님이 시자에게 목욕물을 가져오게 하여 목욕하고, 옷을 갈아입은 뒤 거울 앞에서 껄껄 웃으면서 말했습니다.

"자네와 내가 이제 이별할 때가 되었네."

만공 스님은 그렇게 열반하셨습니다.

생사는 거래입니다. 생사는 변화입니다. 생사는 순환하는 것입니다. 생사는 윤회하는 것입니다. 따라서 영원히 죽어 아주 없어지는 게 아니고, 다른 모습으로 태어나는 것이 바로 자연의 진리입니다.

죽음을 맞는 능력은 세 가지입니다. 하나는 생사에 묶여 사는 것입니다. 둘은 생사를 해탈하는 것입니다. 셋은 생사를 자유롭게 하는 것입니다.

생사를 넘나드는 능력이 이런 것이므로 생사를 초월하는 마음을 길들여 죽음의 공포에서 벗어나는 해탈공부를 하라는 것입니다.

셋째, 마음에 정력을 쌓아 자재하는 힘을 길러 태어나고 싶은 곳에 임의로 태어날 수 있는 함축 공부를 끊임없이 해야 하는 일입니다.

원불교 초기 김제에서 한약방을 한 서중안[徐中安. 1881~1930. 秋山] 교도가 있었습니다. 그의 부인 정세월[鄭世月. 1896~1977. 七陀圓]은 남편처럼 소태산 대종사에 대한 신성이 남달랐습니다. 소태산 대종사님의 한 말씀 한 말씀을 땅에 떨어뜨리지 않고 실천으로 수행했습니다.

한때 선방에 들었던 정세월 교도가 하루는 저녁 준비를 위해 우물에서 쌀을 씻고 있는 송도성 교무를 보았습니다. 머리를 흔들면서 조리질을 하는 송도성 교무를 보고 생각했습니다.

'불법연구회 사람들은 공부하는 사람들이라 조리질도 남다른 데가 있구나. 나도 집에 가면 저렇게 조리질을 해야지.'

집으로 돌아온 정세월 교도가 저녁식사를 준비하면서 생각한 대로 조리질을 하자 이를 본 딸 서공남[徐共南. 1918~1991. 文陀圓]이 어머니에게 여쭈었습니다.

"어머니는 무슨 조리질을 그렇게 머리를 흔들면서 하세요?"

"모르는 소리 하지 마라. 공부하는 사람은 이렇게 조리질을 하는 것이란다."

이처럼 신성을 지닌 정세월 교도가 돌아가실 때에 딸 서공남에게 말했습니다.

"나는 ○○에게 간다. 내 말이 믿겨지지 않으면 아이가 태어났을 때 그 아이의 이러이러한 것을 봐라."

정세월 교도가 돌아가신 지 1년 후에 정 교도가 말했던 그 사람이 딸아이를 낳았는데, 서공남이 이를 확인하니 정말 어머니가 말한 그대로였습니다.

영혼은 멸하지 않고 이렇게 생사의 방법으로 변화하여 윤회전생하는 것입니다. 그리고 정력을 쌓아 힘을 갖추면 자신이 마음먹은 대로 되는 것이 자연의 이치입니다. 그래서 평소 정신수양을 통해 함축하는 공부를 하라는 것입니다.

넷째, 평소 큰 원을 세워 불보살 성현들과 같이 거룩한 서원의 종자를 선택하는 일입니다.

우리가 사용하는 말 가운데 '뜻이 있는 곳에 길이 있다.'는 말이 있습니다. 내가 평소 어떤 생각을 하고 사느냐에 따라 내 인생이 달라지고, 영혼도 달라집니다. 사람의 소원은 수도 없습니다. 그러나 이 모든 원을 종합하여 대표하는 원이 있습니다. 바로 '성불제중成佛濟衆'이라는 원입니다.

정산 종사께서 《정산종사법어》 무본편 24장에서 성불제중에 대해 "성불제중의 서원은 우리 인류의 소원 가운데 제일 높고 제일 큰 서원이요, 성불제중을 하기 위하여 모여 사는 곳은 세상에서 제일 신성하고 귀중한 곳이니라."라고 말씀하셨습니다.

우리가 어떤 일을 하고 살든지 어느 때 어느 곳에 있든지, 성불제중의 마음으로 살아간다면 이 사람의 영생은 자신을 보장하는 삶이 될 것이며, 생사를 넘나들 때에도 아무 어려움이 없을 것입니다.

정산 종사께서 《정산종사법어》 무본편 44장에서 또 이렇게 말씀하셨습니다.

"하루살이는 하루만 보고 버마재비는 한 달만 보므로 하루살이는 한 달을 모르고 버마재비는 일 년을 모르는 것같이, 범부는 일생만 보므로 영생을 모르나, 불보살들은 능히 영생을 보시므로 가장 긴 계획을 세우시고 가장 근본되는 일에 힘쓰시느니라."

우리 모두가 이 세상, 한 세상만 있는 것이 아니라 영생으로 이어진다는 것을 굳게 믿고 깨달아 알아야 합니다.

영가께서는 이런 이치가 있음을 굳게 믿고, 이 순간 오직 청정한 마음을 챙기어 착심 없이 가실 것을 당부드리며, 다시 태어나는 세상에서는 당신의 마음을 깨달아 온 세상을 위해 일하리라는 성불제중의 서원을 굳게 세우고 가실 것을 소태산 대종사와 부처님의 법문을 빌려 간절히 부탁드립니다.

가족 모두 영가를 잘 보내시고, 영가께서는 잘 가시어 사람 몸을 받아 성불제중하시기를 기원합니다.

죽음은 새로운 삶의 출발

소태산 대종사께서는 생사에 대해 이렇게 말씀하셨습니다.

"이 세상에서 받은 바 그것이 지나간 세상에 지은 바 그것이다. 영혼은 멸하지 않는데 보통 사람은 이것을 모른다. 이생으로 끝나는 것으로 알고, 생활도 그렇게 하니 죽게 되면 누렸던 보물이며 쌀이며 옷감이며, 그런 물질적인 것에서 애착하고 탐착하여 영이 멀리 떠나지 않고 곳간에 또는 사람에게 붙어 다니는 귀신이 되어서 망치게 된다. 사람의 몸을 받았다는 것은, 한생 주어진 명대로 살다 가는 것은, 육신을 빌려 살다 가는 것과 같다. 육신은 땅에 묻어도 되는데 영혼은 지은 업대로 태어나 다시 산다."

이 법문을 통해 우리가 확인할 수 있는 점은 영혼은 멸하지 않고 생을 달리하며 자신이 지은 바에 따라 다시 태어나 지은 바를 받게 되며, 영혼에게 가장 문제되는 것이 바로 착심이라는 것입니다.

세상은 거미줄처럼 엮여 있습니다. 모두가 인연의 끈으로 엮인 것입니다. 그러므로 혼자인 인연은 없습니다. 산다는 것은 바로 이 인연의 작용이기 때문에 생사를 불문하고 문제가 되는 것은 인연에 대한 착심입니다. 살아 있을 때에도 착심이 많으면 삶이 어렵고, 더욱이 죽었을 때에는 착심의 영향으로 미래의 향방이 결정됩니다.

착심은 마음이 어느 한 곳이나 대상에 묶여 움직이지 않는 것입니다. 살면서 가장 큰 착심은 자기 자신과 자식입니다. 도에 넘치는 사랑때문입니다. 그래서 보내는 사람이나 가는 사람이나 모두 착심이 없어야 합니다. 만약 보내는 사람이나 가는 사람이 서로 착심을 가지고 있으면 큰 문제가 됩니다. 이를 해결하기 위해서 가는 사람이 착심을 놓아야 하는 것입니다.

그렇다면 어떻게 해야 착심에서 벗어날 수 있을까요?

현실을 직시해야 합니다.

이생은 끝이 났습니다. 보내는 사람이나 가는 사람이나 끝난 것을 알아야 합니다. 미련이 있으면 서로에게 별 이익이 없습니다. 불편할 뿐입니다. 미련이 많으면 상생의 인연이 상극으로 변할 가능성이 높습니다. 상생의 인연이 상극으로 변할 수 있다면 가는 사람이나 남은 사람이나 아무리 애틋해도 모두를 놓아야 지혜로운 일입니다.

새롭게 다시 시작한다는 사실을 믿어야 하고 이를 알아야 합니다.

효봉[曉峰.1888~1966] 스님이 입적하기 전, 법정[法頂. 1932~2010] 스님이 물었습니다.

"스님, 마지막으로 한 말씀 안 하십니까?"

"나는 그런 소리 안 하련다. 지금까지 한 말이 다 그런 소리인데."

효봉 스님이 임종게를 읊었습니다.

"내가 말한 모든 법은 모두 다 군더더기. 오늘 일을 묻는다면 월인月印이 천강千江에 비치리라."

1966년 새벽 세 시였습니다.

"나 오늘 갈란다."

"언제쯤 가시렵니까?"

"오전에 가지."

효봉 스님이 호두알 단주를 굴리며 중얼거렸습니다.

"무無라 무라 …."

오전 10시에 문득 효봉 스님의 단주가 멈추고 조용히 입적하였습니다. 세수 88세, 법랍 44년이었습니다.

눈을 뜨면 감고 감으면 또 뜹니다. 숨을 들이쉬면 내쉬어야 하고 내쉬고 다시 들이킵니다. 마찬가지로 가면 오고 오면 가는 게 자연의 진리입니다. 모든 일에 예외가 없습니다. 시작하면 끝이 있기 마련입니다. 이 또한 자연의 진리입니다.

죽음이라는 것, 이는 새로운 삶의 출발임을 알아야 합니다. 알지 못한다면 최소한 이를 믿어야 합니다. 생사는 둘이 아니고 하나입니다. 거래이고 변화이고 순환하는 것일 뿐입니다. 그래서 깨달은 사람들은 생사를 자유롭게 선택하고 이를 넘나들었습니다.

착심에서 벗어나자

원을 크게 세우고 무조건 착 없이 떠나야 합니다.

착 없이 떠나려면 오직 청정 일념이어야 합니다. 그래서 천도의 요약된 법문이 '입대원력 막착이거立大願力 莫着而去'라고 합니다.

살아 있다는 것은 영혼과 육신이 하나를 이루고 있는 것입니다. 죽었다는 것은 영혼만 있고 영혼이 머물 집이 없는 것입니다. 집이 없으면 집을 찾아들려는 의지가 발동합니다. 그래서 남의 집에 들었을 때 그 집의 주인이 불편을 느끼게 됩니다. 그것이 바로 '빙의'입니다. 혼자만 살 곳에 다른 영혼이 들어와 주인 행세를 하니 얼마나 힘들고 불편하겠습니까? 들어간 영혼이 내 자식이고 내 형제라 생각하여 내 집처럼 여기지만, 집주인은 삶이 제대로 이어지지 않습니다.

1983년 신촌교당의 아주 젊은 ○○○ 교도가 갑작스럽게 죽었습니다. 장경진[張敬眞. 1937~ . 覺陀圓] 교무가 상가에 가서 독경을 하는데 갑자기 허리 아래에서 다리까지 찬 기운이 올라왔습니다. 평소 영가가 장 교무를 잘 따르고 좋아해 반가운 마음에 교무의 몸을 만지고 있다고 생각하여 장 교무가 애써 떨구었습니다. 오후 독경을 갔을 때에도 역시 그런 기운이 올라왔습니다. 어렵게 그 기운을 물리쳤는데 독경을 마치자 옆방에서 소란이 일었습니다. 가서 살펴보니 영가의 언니가 발작이 나 있었습니다. 눈이 뒤집혀 흰자위만 보이고 그녀의 아름다운 얼굴이 일그러져 있었습니다. 그런데 묘한 것은 발작을 하던 ○○○ 영가의 언니가 장 교무를 보더니 해죽이 웃는 것이었습니다. 교무는 ○○○이가 자신에게 오려다 되지 않으니 언니를 영매 삼아 자신을 드러내고 있음을 알 수 있었습니다. 그래서 교무가 처음 보는 ○○○의 언니를 향하여 말했습니다.

"어이쿠, 너 ○○○이지. 네가 어쩌다 그렇게 되었어?"

교무가 아는 체를 하자 발작하던 언니가 통곡했습니다. 그리고 그 언니가 처음 보는 장 교무에게 ○○○이의 죽는 순간을 이야기하는 것이었습니다.

"교무님, 저는 안 가려고 안 가려고 했는데 할머니가 저보고 가자고 가자고 해서 끌려갔어요."

○○○의 언니가 자기 일을 얘기하듯이 슬피 말하고 엉엉 우는 것이었습니다. 그날 장 교무가 가족 모두를 자리에 앉게 하고 함께 한 시간 정도 독경을 하자, 영가의 언니가 비로소 제정신이 돌

아오고, 오히려 반문하는 것이었습니다.

"무슨 일이 있었어요?"

초상을 치른 다음 날 교무가 교당 문밖이 소란하여 방안에서 나가 보았습니다. 그런데 ○○○의 언니가 지난번과 같이 발작하여 남편과 아버지의 부축을 받으며 교당 문으로 들어서고 있었습니다. 그리고 처음으로 찾은 교당을 항상 드나들었던 것처럼 교무의 방문을 열고 들어오는 것이었습니다.

"○○○이가 웬일이야?"

"교무님, 절 데리고 오지 않고 왜 혼자 왔어요?"

"왜, 집에다가 잘 꾸며 주고 왔는데, 또 남편은 어쩌고?"

"흥, 남편 좋아하네."

○○○ 영가가 코웃음을 쳤습니다. 그리고 교무님이 좋으니 교당에서 살겠다고 사진을 교당에 가져다 놓으라는 것이었습니다. 그래서 교무는 2층에 영가의 방을 만들었습니다. 그로부터 하루에 두 번, 아침과 저녁으로 가족들과 독경을 하였는데, ○○○의 언니는 영가가 들고 날 때마다 하품을 하며 때때로 평소에 장난을 치듯 장난하기도 했습니다.

이렇게 독경을 하고 나면 ○○○ 영가가 언니의 입을 통해 교무님께 죄송하다고도 하고 배가 부르다고도 했습니다. 교무가 ○○○ 영가의 그런 말에 괜찮다는 반응을 보였습니다. 그리고 독경은 곧 법식이라고 일러주었습니다. 영가가 교무님께 고생스럽게 여러 가지 독경을 하지 말고 소태산 대종사님께서 만드신 '일원상 서원문'만 해줘도 배부르다고 했습니다. 그래서 그 이후 교무는 일원상 서원문을 3독 하는 것으로 독경을 마치곤 했습니다.

어느 날 장 교무가 독경을 하면서 한 가지 걱정을 하고 있었습니다. 부산을 다녀와야 하는데 부산에 가면 아침 독경을 할 수 없기 때문이었습니다. 독경을 마치고 나니 영가가 언니를 통해 말했습니다.

"교무님, 부산 안 가요?"

"부산은 무슨 부산?"

"치-, 부산 갈라면서."

"어떻게 알았어? 그렇지 않아도 부산에 다녀와야 하는데 독경 때문에 갈까 말까 하는 중이야."

"비행기로 다녀오면 되잖아."

교무가 '비행기?' 하고 의아스러워하자, 영가가 언니를 통해 어머니에게 부산 왕복 비행기 표를 끊어 드리라고 세세하게 그 방법까지 일러주는 것이었습니다. 이런 일이 있고 난 후부터는 영가가 교무의 생활을 간섭하기도 하고, 어머니에게 자신이 소태산 대종사님 문하에서 공부를 하고 있으니 울지도 말고, 이름도 부르지 말고, 생각도 말라고 했습니다.

어느 날인가 교무가 영가에게 물었습니다.

"언제까지 언니에게 있을 거야?"

영가는 5·7재에는 갈 것이라며 눈물을 흘렸습니다. 그리고 5·7재가 돌아오자 영가가 어머니에게 교무님께 돈을 좀 드리라고 또 지시하였습니다. 교무는 교당의 돈이 다 내 돈이라서 돈이 필요없다고 하였지만, 영가는 교무도 돈이 필요하다면서 남자 부교무에게는 3만 원, 여자 부교무에게는 5만 원만 드리면 된다고 했습니다. 그리고 교무님께는 50만 원 이하를 드려서는 안 된다는 것이었습니다.

정말 희한한 일은 당시 부교무들이 귀신 운운하니 반신반의하면서, 영가를 안치한 장소가 좁고 일이 많기 때문에 천도 독경에 참석하기도 하고 하지 않기도 했던 것이었습니다.

5·7재가 되어 영가가 언니의 몸에서 나갔습니다. 당시 ○○○의 언니는 발작을 시작하고 30여 분간 높은 열이 계속되어 시달렸습니다. 아무런 조치도 취할 수 없었는데 5·7재가 끝나갈 무렵 ○○○의 언니가 한숨을 몇 차례 쉬고 나서 제 모습으로 돌아왔습니다. 그리고 ○○○의 언니가 웃음을 띠었는데, 그때는 언니의 원래 모습이었습니다. 그 후 ○○○ 언니의 생활이 정상으로 돌아왔습니다.

그리고 영가가 마지막으로 떠나면서 가족들에게 몇 가지 사항을 꼭 시행해야 한다고 당부했습니다. 특히 그 가운데 영가가 시집올 때 준비했던 혼수를 교당에 주라고 하여 그 가운데 90%는 동해교당을 창립하면서 살림으로 보냈다고 합니다.

생사는 둘이 아니다

부처님께서 당신의 깨달음을 한 말씀으로 '인과因果'라 하셨습니다. 어떤 씨를 뿌리든 뿌리면 반드시 그 씨앗의 열매를 맺게 된다는 것입니다. ○○○ 영가께서는 이생에 오시어 한생 동안 후학을 길러내시고, 성직자를 여럿 배출하셨으니 그 공덕은 한없는 세월에 좋은 인과관계를 만들어 낼 것입니다. 그 공적을 높이 기리며 위로와 함께 교단에서 감사의 마음을 올립니다.

영가시여!
인과의 진리대로 좋은 일을 많이 하셨기 때문에 다음 세상에는 참 좋은 인생이 기다릴 것으로 믿어 의심치 않습니다. 다만 한 생 살고 몸을 바꾸어 다음 세상을 열어가는 데에는 때로 순간적인 판단이 잘못되어 사람의 몸을 받는 데 어려움을 겪는 일이 있음을 경계하여 드립니다.

경계할 것은 바로 착심이라는 것입니다. 이생의 삶을 살면서 일체생령 특히 사람과 관계를 유지하는 동안 일어났던 집착된 사랑과 미움, 사업을 하면서 생긴 돈과 명예에 대해 집착한 것이 있다면, 이는 결정적으로 내 영혼을 어둡게 하는 것인 만큼 모두 놓고 편안하게 내세의 길을 열어 가기를 당부드립니다. 청정한 마음을 챙겨 모든 것에 착을 두지 말고 미련 없이 떠나시기 바랍니다. 이 세상은 이미 끝이 난 만큼 생각해도 아무 소용이 없는 일이므로 미련을 두지 말고 훌훌 가십시오.

생사는 둘이 아닙니다. 가면 오고 오면 가는 일입니다. 진리의 이치를 아는 사람은 갈 때 가고, 갈 때에는 미련 없이 갑니다. 그래야 다음 생을 아름답게 열어갈 수 있기 때문입니다. 영가께서도 그렇게 가볍게 떠나시기를 기원합니다.

지리산 벽송암에 서룡[瑞龍. 1814~1890] 스님이 있었습니다. 그는 광산 김씨 사계 선산 8대손 명문대가의 자제로 과거 공부를 하다가 우연히 종로 거리에서 권력다툼으로 효수되어 매달린 머리를 보았습니다. 순간 그는 생각하였습니다. '나도 권력을 얻었을 때 효수되지 말라는 법이 없지.' 하고. 그 길로 부모 몰래 출가의 길을 선택하였습니다. 출가한 절은 경기도 안성시 청룡사였는데 당시 그의 나이 19세였습니다. 출가하여 정진하는 삶을 살다가 지리산 벽송암으로 옮겨 정진한 결과 깨달음을 이뤘습니다.

1889년 음력 12월 27일, 스님이 문도들을 모아 놓고 말했습니다.

"오늘은 내가 갈 곳으로 가야겠다. 뜻이 있는 자는 마땅히 독경과 염불을 게을리하지 말라."

이 말을 듣고 손주 상좌가 물었습니다.

"노스님, 내일모레가 섣달그믐이 아닙니까? 대중 스님들이 떡과 진수성찬을 차려 과세 준비를 하고 있는데, 초상이 나면 무슨 꼴이 되겠습니까? 좀 더 명을 늘리실 수 없습니까?"

"그래라. 나는 오늘 꼭 떠나갈 날이라 그만 열반에 들려고 하였더니, 너의 말을 들으니 그럴 법도 하구나. 중노릇을 60년 가까이 했는데 죽고 사는 것 하나 자재하지 못한다 해서야 되겠느냐? 어서 그럼 과세불공 준비나 잘들 해라."

말을 마친 스님은 평상시와 같이 선정에 들었습니다.

무난히 과세를 치르고 새해를 맞은 정월 초이튿날이 되었습니다. 서룡 스님이 말했습니다.

"자, 그럼 가도 되겠지?"

또 손주 상좌가 말하였습니다.

"노스님 오늘도 안 됩니다. 내일이 초삼일이라 수많은 신도가 불공을 오시는데, 만일 노스님께서 돌아가시고 보면 모두 부정스럽다고 불공을 드리지 못할 것입니다."

"그래? 그렇다면 며칠 더 묵지. 세상에 일도 많구나!"

스님이 껄껄 웃고 다시 선정에 들었습니다. 그리고 4일에 이르러서 말했습니다.

"이젠 가도 괜찮겠지?"

"노스님 고맙습니다. 한 번도 아니고 두 번이나 연기해 주셔서 이제 사중寺中일은 원만히 마쳤사오니 스님 뜻대로 하십시오."

"그럼 너희들 다 모여라."

대중이 모이자, 스님이 법상에 앉아 말했습니다.

"너희들은 잘 들어라. 중이 불도를 닦을 때, 생사를 해탈하려면 세 가지 단계가 있다. 첫째는 생사 없는 이치를 알아야 하고知無生死, 둘째는 생사 없는 것을 증득하는 것이고證無生死, 셋째는 생사 없는 것을 활용하는 것이다用無生死. 하나쯤 알고 반쯤 깨닫고一知半解, 이에 만족하면 생사를 자재할 수 없는 것이니, 내가 생사를 자재함은 곧 이를 알고 증하고 쓰는 까닭이니라. 자, 그럼 나는 간다."

스님은 앉은 그대로 열반에 들었습니다.

한생 살면서 해결해야 할 일이 바로 생사 이치를 알아야 하는 일입니다. 생사는 하나임을 알아야 합니다. 생사는 일여이고, 거래이고, 변화일 뿐입니다.

생사의 이치를 알아 그에 맞게 살아야 합니다. 생사의 이치를 알아 그에 맞게 사는 일은 복과 지혜와 인연을 잘 짓는 일에 마음을 쓰는 것입니다.

살다가 한생을 마칠 때에는 어떻게 해야 할까요? 어떻게 죽어야 할까요?

　원을 크게 세우고 청정 일념으로 착 없이 가야 합니다. 청정 일념은 밭이 되고, 서원 일념은 종자가 되고, 천도 법문은 거름이 되기 때문입니다.

　영가시여!
　생사가 하나임을 믿으시고 편안하게 다녀온다는 마음으로 떠나시기를 기원합니다. 어느 생에 오든 복 많이 짓고 지혜를 많이 닦아 부처님의 인격을 이루시기를 간절히 기원합니다.

천도는 영생의 효

스님이 팔베개를 해줘야 잠드는 사미승이 있었습니다. 그 사연은 이랬습니다.

지금부터 4백여 년 전 조선시대에 태어나 72년을 살고 열반한 진묵[震默. 1563~1633]은 이름난 스님이었으며, 술 잘 먹고 막히거나 거칠 것이 없는 사람이었다고 합니다. 그리고 석가모니불의 화신이라고 자처했으며, 사람들도 그렇게 인정했습니다.

진묵 스님은 일찍이 스님이 되어 봉서사에서 혜영 스님을 모시고 살다가 운수행각의 두타행頭陀行을 떠났습니다. 그러다 창원 마산포에 이르러 설법을 했는데 모두 하나같이 존경하고 따랐습니다. 그런데 18세 된 처녀가 진묵 스님을 사모하여 밤에 그의 방에까지 찾아가 스님이 거둬주지 않으면 죽겠다는 식으로 매달렸습니다. 그러자 진묵 스님이 말했습니다.

"처녀가 죽으면 천도는 책임져도 금생에는 인연을 함께 할 수 없소. 또 남자라면 같이 살 수 있으니 사문沙門으로 여자와 같이 살 수는 없소."

이 말을 들은 여인이 모든 것을 포기하고 스님의 처소에서 물러나오며 진묵 스님에게 말했습니다.

"그렇다면, 제가 남자로 오면 그때는 거부하시면 안 됩니다."

16년이 흐른 어느 날이었습니다. 진묵 스님이 전주 대원사에 있는데 꿈에 마산포에서 헤어졌던 여인이 보였습니다. 그런데 꿈인데도 생시와 같이 여인이 진묵 스님을 향해 말했습니다.

"소녀는 스님을 사모하다 병이 들어 죽었습니다. 그리고 스님의 말씀대로 다시 남자의 몸으로 태어나 스님께 시봉할 나이가 되었기에 찾아왔으니 자신을 버리지 말아 주소서."

그때였습니다. 문밖에서 스님을 부르는 소리가 들렸습니다. 진묵 스님이 문을 여니 한 소년이 자신을 시자로 거두어 달라는 것이었습니다. 진묵 스님이 나이를 물으니 15세였고, 이름이 기춘으로 창원 마산포에서 왔다고 했습니다. 진묵 스님이 소년의 얼굴을 자세히 보았습니다. 그런데 꿈에 나타난 그 여인의 모습과 똑같았습니다. 스님이 그 자리에서 독백처럼 말했습니다.

"가령경백겁假令經百劫 소작업불망所作業不亡 인연회우시因緣會遇時 과보환자수果報還自受."

말하자면, 설사 백겁이 지나도 자신이 지은 업은 없어지지 않아서 인연을 만날 때에는 그 과보를 스스로 받게 된다는 뜻입니다.

진묵 스님이 그 인연을 받아들여 같이 생활하게 되었는데 소년이 밤이면 스님의 품에 안겨야 잠자리에 들었습니다. 그것도 팔베개를 해줘야 잠이 드는 것이었습니다.

한번 맺은 인연은 이렇게 끈질기게 따라붙는 것입니다.

우리나라의 불교는 삼국시대로부터 고려 시대에 이르기까지 불교가 발생한 인도보다 더 화려한 꽃을 피웠습니다. 그래서인지 우리는 평소 자신도 모르는 사이에 불교의 진리와 언어를 많이 사용합니다.

업이라는 말, 윤회나 전생이라는 말, 이판사판이라는 말, 야단법석이라는 말 등이 모두 불교의 언어입니다. 이런 말 가운데 하나가 염라국閻羅國과 명부사자冥府使者라는 말이 있습니다. 일반적으로 쓰이는 염라국이라는 의미는 '저승'을 달리 이르는 말이며, 또 염라대왕이 다스리는 나라를 의미합니다. 그리고 명부사자는 저승사자라고도 하고, 이승 사람의 목숨이 다하면 그 영혼을 저승으로 데려가는 저승 심부름꾼을 뜻합니다.

소태산 대종사께서 원불교를 세운 동기를 밝힐 때, "진리적 종교의 신앙과 사실적 도덕의 훈련을 통해 일체생령을 광대무량한 낙원으로 인도하려 한다."라고 말씀하셨습니다.

소태산 대종사께서 천명한 바와 같이 원불교의 교법은 진리적이고 사실적입니다. 따라서 법문 그대로 보고 믿고 실천하면 되는 법입니다. 예컨대 앞서 말씀드린 염라국과 명부사자에 대해서도 소태산 대종사님께서 이렇게 설명해 주셨습니다.

"염라국이 다른 데가 아니라 곧 자기 집 울타리 안이며 명부사자가 다른 이가 아니라 곧 자기의 권속이니 …. 보통 사람은 이생에 얽힌 권속의 정애情愛로 인하여 몸이 죽는 날에 영이 멀리 뜨지 못하고 도로 자기 집 울안에 떨어져서 인도 수생의 기회가 없으면 혹은 그 집의 가축도 되며 혹은 그 집안에 곤충류의 몸을 받기도 하느니라."

말씀의 내용을 들여다보면 몇 가지 의미가 있습니다. 중요한 의미 세 가지만 찾아보면, 그 하나는 영혼은 불생불멸하며 윤회전생한다는 것이고, 그 둘은 내가 지은 것은 내가 받는다는 것이고, 그 셋은 마음에 착심이 깊으면 악도에 떨어지게 된다는 것입니다.

진리를 깨달은 부처님께서 만든 불교나 소태산 대종사님께서 만든 원불교에서 열반한 사람의 영혼을 상대로 천도재를 지내는 것은 바로 영혼이 불생불멸하며 윤회전생하기 때문이고, 지은 대로 가기 때문이며, 착심을 따라가기 때문에 이를 일깨우고 길을 바르게 인도하기 위한 것입니다. 그러므로 죽은 사람의 후손 가운데 진리를 깨달은 사람이 있어 열반자를 천도시킬 수 있다면 이는 더할 수 없는 행운이고 복된 일이며, 깨달은 사람은 없어도 불법을 지극히 믿는 사람이 있어 열반자를 위해 천도재를 성심으로 지내주는 사람만 있어도 매우 다행스러운 것입니다.

오늘 천도재를 받는 ○○○ 영가께서는 이런 면에서 복된 분이며 천금 같은 기회를 맞았습니다. 그리고 어머니를 위해 천도재를 지내드리는 아드님은 설혹 어머니께서 살아계실 때 충분한 효를 하지 못했다 해도 이 천도재가 어머니에게 더할 수 없는 효가 되는 것입니다. 살아 계실 때의 효는 이 한생의 효도이지만, 천도재는 영생의 효가 되기 때문입니다.

○○○ 영가께서는 오늘의 이 의식을 충분히 활용하여 꼭 천도의 길을 걸으시길 바라며, 이 자리에 함께하신 여러분은 모두 삶과 죽음을 다시 생각하는 시간이 되어야 하고, 현실의 삶을 최선으로 가꾸면서 내세를 준비하는 삶을 살아야 할 것입니다.

대산[大山-金大擧. 1914~1998] 종사님께서 교도들을 향해 말씀하셨습니다.

"생사의 거리는 얼마나 되며, 떠나갈 시간은 얼마나 남았으며, 떠날 준비는 얼마나 되었는가를 자주 반조해 보며 살아야 한다."

여러분은 생과 사의 거리가 얼마나 되는지 아십니까? 언젠가는 떠나야 하는데 준비는 많이 하셨습니까? 생사의 거리는 가깝기로 하면 백지 한 장 사이도 없는 것이지만, 멀기로 하면 그 거리를 헤아릴 수 없는 것입니다. 생사의 거리를 아는 사람, 자신이 떠날 시간을 아는 사람, 이런 사람이 부처이고 이를 모르는 사람을 중생이라 하는 것입니다. 생사가 둘이 아님을 알고 멀리 보면서 사는 사람이 부처이고, 현실에 급급하여 내가 무엇을 하고 사는지 제대로 알지 못하고 사는 사람이 바로 중생인 것입니다.

　모두가 부처가 되어 사는 삶이 좋은 삶이고, 그들이 모여 사는 세상이 좋은 세상입니다. 잠시 외출만 하려 해도 준비를 해야 하는데 준비 없이 죽음에 이른다면 그 당황스러움은 현실의 당황스러움과는 아주 다를 것입니다. 그래서 시간 나는 대로 준비하는 게 아니라 없는 시간이라도 마련하여 준비를 해야 하고, 삶과 죽음을 다름없다 했으니 열심히 살아야 합니다. 특히 수양을 많이 해야 합니다. 내 마음이 자주 가는 곳을 알아야 하고, 가는 곳이 잘못된 곳이면 빨리 정리하고 제자리로 돌아와야 합니다. 잘못된 곳임을 알고 정리하는 힘은 바로 수양에서 나오는 것입니다. 그래서 수양을 해야 하는 것입니다.

세상에 세 가지 어려운 일

　석가모니불께서 부모의 은혜를 밝힌 경전으로《부모은중경》이 있습니다.《부모은중경》의 내용을 간략히 살피면 이렇습니다.

　부처께서 제자들을 데리고 이동할 때였습니다. 길가의 뼈 무덤을 보고 그 뼈에 오체투지를 합니다. 이를 본 아난이 난색을 표하자, 석가모니불께서 그 뼈가 삼세의 한 부모의 뼈일 수 있다고 합니다. 그리고 그 뼈를 남자의 뼈와 여자의 뼈로 구분해 보라고 했으나, 제자 중 누구도 구분하지 못하자 석가모니불께서 말씀하십니다. 남자의 뼈가 무겁고 여자의 뼈는 검고 가볍다. 여자의 뼈가 검고 가벼운 이유는 자녀를 잉태하여 출산 후 자립을 얻을 때까지 서 말 넉 되의 피를 흘리고 여덟 섬 너 말의 젖을 먹였기 때문이라고 설명합니다. 제자들이 모두 울면서 부모님께 보은할 수 있는 방법을 묻자, 석가모니불께서는 부모를 업고 수미산을 돌고 돌아 온몸이 닳아지더라도 보은할 수 없다고 말합니다.

천도재에서 《부모은중경》을 소개하는 이유는 인연의 진리 때문입니다.

한 번 만난 인연은 반드시 또 만나게 되어 있습니다. 그러므로 다시 만날 때 잘 만나려면 만나는 순간순간을 좋게 해야 합니다.

불가에서는 부부의 인연이 삼백 생의 인연이 있어야 하고, 부모와 자녀 인연은 수백 생의 인연이 있어야 한다고 말합니다. 따라서 ○○○ 영가와 인연이 깊은 여러분들, 특히 자녀들은 오늘의 재가 일반적인 재가 아닌 만큼 아버지를 위해 끊임없는 기원을 올려야 한다는 점을 미리 강조합니다.

그렇다면 어느 정도 정성을 들여 언제까지 기원을 올려야 할까요?

"고맙다. 너희들이 나를 위해 천도발원한 공덕으로 내가 다시 사람의 몸을 받아 떠나게 되었다. 감사하다."

어느 날 꿈에 나타나 이렇게 말씀을 남기실 때까지 자녀들 모두가 아버지의 은혜를 생각하며 보은하는 마음으로 시간과 장소를 가리지 않고 정성을 기울이는 자세를 가져야 할 것입니다.

왜 이렇게 당부하는 것인지, 지금부터 드리는 말씀을 마음으로 새기셨으면 합니다.

부처님께서는 세상에 세 가지 어려운 일이 있다고 하셨습니다.

하나는 사람의 몸을 얻는 일이고, 다음은 결함 없는 몸을 얻는 일이고, 셋은 부처님 회상을 만나기 어렵다는 것입니다.

사람의 몸을 받아 부처님께서 밝히신 진리의 세계에 발을 들여놓는 것이 이렇게 어려운 것인데, ○○○ 영가께서 이생에 부처님 회상까지 만나 성불을 향해 발걸음을 옮기려 하시던 중 떠나시게 되어 참으로 아쉽습니다.

불법공부의 핵심은 영원한 세상에 사람의 몸을 받아 성불하자는 것입니다. 그래서 열반이 진리를 깨달은 것을 의미하지만 한생을 마치고 입적한 것도 열반했다고 말합니다. 그 까닭은 열반을 염원했기 때문입니다. 그리고 입적한 뒤 가장 중요하게 여기는 것이 천도의식입니다.

천도라는 말은 악한 이를 착한 이로 돌리고 낮은 데에서 높은 데로 이끌어 제도하여 주는 것인데, 사람이 한생을 마치고 다음 생으로 옮길 때 사람의 몸을 받아 성불할 수 있도록 기연을 만들어주는 의식입니다. 굳이 천도의식을 강조하는 이유는 만약 천도를 받지 못하면 그 영혼이 가는 길이 고통의 세월로 이어지기 때문입니다. 따라서 천도의식은 앞서 거듭 설명한 바와 같이 세 가지 의미가 있습니다.

첫째, 불연佛緣을 맺어주는 일입니다.

불연을 맺어주는 이유는 진리를 깨달은 성자가 문을 연 종교와 인연이 없으면 천도를 받기가 어렵기 때문입니다.

둘째, 일심을 챙기게 하는 것입니다.

일심이란 청정한 것이고, 착심이 없는 것이고, 잡념이 없는 것입니다. 누구든 일심이 되면 천도가 어렵지 않습니다. 그래서 천도의식은 영가로 하여금 원을 크게 세우고 착심을 놓고 일심을 갖게 하는 일이기도 합니다.

셋째, 공덕을 쌓아주는 것입니다.

이생의 인연들이 가신 분을 위해 복을 지어주어 그 공덕이 보호막이 되게 하자는 것입니다.

이처럼 타력에 의지해서 천도를 받기도 하지만 가장 확실한 것은 살아 있을 때 힘을 갖추어 스스로 천도하는 일입니다. 자신을 천도하는 일은 성심으로 수도하여 진리를 깨달으면 되는 일이지만, 진리에 대한 굳건한 믿음이 있으면 내세로 가는 길이 아주 어둡지만은 않을 수 있습니다.

영가시여! 모든 착심을 놓고 일심을 챙겨 굳건한 믿음으로 내세를 향해야 할 것입니다. 그리고 다시 사람의 몸을 받아 반드시 진리를 깨달아 영생의 문제를 해결하리라는 서원을 세우고 또 세우실 것을 당부드립니다.

　진리를 모르는 대다수의 사람들은 우연히 태어나 한생 살면 그것으로 끝나는 것으로 알기 때문에 생과 사를 둘로 나눠 생각합니다. 그러나 생사는 본래 하나입니다.

　우리는 낮과 밤이 나뉘어 있다고 생각합니다. 그러나 본래 낮과 밤은 없습니다. 지구가 태양의 빛을 받으면 낮이고 태양의 빛이 비추지 않는 곳이 밤일뿐입니다.

　이치적으로 보면 생사라는 것도 이와 같아서 마음이 몸을 만나면 생이라 하고 몸과 헤어지면 죽음이라 할 뿐입니다. 그래서 정신을 잘 수행한 능력 있는 사람들이 살만큼 살고 가볍게 떠난 사례가 수를 헤아릴 수 없습니다. 삶과 죽음이라는 것이 한 번 왔다 가는 것으로 표현되는 것이라면 서둘러 떠날 일이 없습니다.

　생사는 하나입니다. 생사는 윤회하는 것입니다. 생사는 거래입니다. 생사는 변화일 뿐입니다.

　영가시여! 생사의 진리가 이런 것임을 깊이 이해하여 내세의 길을 잘 걸으시기를 기원하고 또 기원합니다.

잘 죽어야 잘 태어남

어느 절에 스님이 상좌에게 말했습니다.

"저 건너 동네에 누가 죽었다는 소식이 들리니, 가서 그가 극락으로 갔는지 지옥으로 갔는지 보고 와라."

상좌가 말했습니다.

"제가 가서 어찌 알겠습니까?"

스님이 다시 말했습니다.

"가 보면 안다."

스님이 상좌를 억지로 상가에 보낸 후 돌아오자 물었습니다.

"사람들이 그 죽은 사람에게 뭐라고 하더냐?"

"사람들이 모두 탄식하며 '왜 그렇게 빨리 가셨을까?' 하며 모두 슬퍼했습니다."

상좌의 말을 들은 스님이 말했습니다.

"그러면 그는 극락에 갔다."

며칠 후 아랫마을에 또 초상이 났다는 소식을 접한 스님이 상좌에게 다시 보고 오라고 하였습니다. 다녀 온 상좌가 스님께 사뢰었습니다.

"사람들이 모두 '시원하다' 하며 '잘 죽었다'고 하더이다."
"그러면 그는 지옥에 간 것이다."

한생을 살고 나면 사람들의 평판이 따르게 마련입니다. 그런데 사람들의 평판이 바로 염라대왕의 판결과 같다는 것을 사람들은 잘 알지 못합니다. 그래서 평판을 두려워하지 않고 제 이익만을 좇아 사는 경우가 적지 않습니다. 살 때 대중의 평판을 두렵게 생각하는 삶만 만들어도 지옥에 갈 사람이 적을 것입니다.

삶과 죽음이란 현재 당하고 있는 일이며 앞으로 맞이해야 하는 일입니다. 그런데 그 삶과 죽음이라는 게 늘 반복되는 것이므로 나면 죽고 죽으면 낳게 됩니다. 그래서 잘 살아야 하고, 잘 죽어야 하고, 잘 낳아야 합니다. 이를 소태산 대종사님께서는 "잘 죽는 사람이라야 잘 나서 잘 살 수 있으며, 잘 나서 잘 사는 사람이라야 잘 죽을 수 있다."라고 말씀하셨습니다.

수년 전, 고향 가는 길가에서 특이한 무덤 하나를 보았습니다. 유심히 살펴보니 그 무덤의 봉분과 주변이 잔디로 되어 있지 않고 콘크리트로 조성되어 있었습니다. 이는 필시 후손이 없는 사람의 묘이거나, 묘에 묻혀 있는 사람의 자녀가 후손이 묘소를 찾지 않아 관리하지 않을 것을 예상하여 나름 단단히 조치한 것으로 보였습니다.

돌아오는 세상에는 묘가 거의 사라질 것이라 합니다. 그리고 옛날처럼 성실하게 제사를 모시는 후손들도 드물 것입니다. 세상이 바뀌고 있습니다. 이제는 누군가 내가 죽은 뒤에 나를 위해 복을 기원해주고 제사상을 차려주는 일이 차츰 없어질 것입니다. 그러므로 자신이 살아 있을 때 자신을 위해 복을 기원함은 물론 공덕을 많이 쌓아 놓아야 내생이 편안해질 것입니다.

자신을 위해 꼭 기원하고 노력해야 할 일이 세 가지가 있습니다.
하나는 마음공부이고, 또 하나는 보시하는 일이고, 또 하나는 상생의 인연을 많이 지어 놓는 것입니다. 이렇게 공을 들인 인생은 반드시 이생이 좋게 열릴 것이고 다음 생 또한 잘 열릴 것입니다.
영가시여! 다시 사람으로 오면 마음공부를 열심히 하고, 보시를 많이 하고, 상생의 인연을 많이 지어 보살이 되고 부처가 되시기를 기원합니다. 그리하여 언제 어느 곳에 가든지 모든 사람으로부터 존경을 받고 환영을 받는 삶으로 이어지시기를 기원합니다.

흙수저 금수저

세간에 회자되는 말 가운데 수저 이야기가 있습니다. 태어날 때부터 많은 것을 가지고 태어난 사람은 '금수저'라 하고, 없이 태어난 사람을 '흙수저'라고 합니다. 수저로 말하면 왜 금수저 흙수저만 있겠습니까? 쇠수저도 있고 나무수저도 있습니다.

흔히 사람들이 어떤 사람은 운이 좋아 좋은 부모를 만나 금수저가 되고, 어떤 사람은 운이 나빠 없는 부모를 만나 흙수저가 되었다고 말합니다. 정서적으로는 상쾌하지 않은 말일 수 있지만, 원인 없는 결과는 없는 것입니다. 단순히 지금의 현상만을 두고 보면 그렇지만 태어나고 죽기를 반복하는 면에서 보면 좋은 일이 되었든 나쁜 일이 되었든 모두가 원인이 있는 것입니다. 세상에 원인 없는 일은 단 한 가지도 없습니다.

소태산 대종사님께서는 "범상한 사람들은 현세現世에 사는 것만 큰일로 알지마는 지각이 열린 사람들은 죽는 일도 크게 아나니, 그는 다름이 아니라 잘 죽는 사람이라야 잘 나서 잘 살 수 있으며, 잘 나서 잘 사는 사람이라야 잘 죽을 수 있다."라고《대종경》천도품 1장에서 말씀하셨습니다.

오늘 종재 불공을 받는 ○○○ 영가께서는 한생을 바른 성품으로 성실한 직장생활을 하셨고, 사회에 기여를 많이 하신 것으로 알고 있습니다. 생사의 이치에서 본다면 금생을 잘 살다 가신 분은 다음 생에 사람으로 태어나는 일이 용이하고 또 출발이 좋기 때문에 과정에서 큰 문제만 발생하지 않는다면 과정이 좋고 결과도 좋을 수 있습니다.

서산[西山-休靜. 1520~1604. 호-淸虛] 대사의 글로 알려진 생사 이야기가 있습니다.

"생종하처래 사향하처거 生從何處來 死向何處去 생야일편부운기 사야일편부운멸 生也一片浮雲起 死也一片浮雲滅 부운자체본무실 생사거래역여연 浮雲自體本無實 生死去來亦如然."

풀어보면, 생은 어디서 온 것이며 죽으면 어디로 가는가? 생이 한 조각구름이 일어난 것이라면 죽음은 일어난 구름이 스러짐이라, 뜬구름이 본래 없듯이 낳고 죽고 오고 가는 것 모두가 이와 같다는 뜻입니다.

여러 부처께서 당부한 대로 이미 마무리된 이 세상의 일에 대해서는 착심을 두지 말고 오직 마음을 청정히 하여 새 몸을 잘 선택하시기 바랍니다. 이생에서 못다 한 일, 못다 한 사랑, 풀지 못한 미움과 원망 같은 것이 있다면 이것이 선택을 어둡게 하고 내생의 종자가 되어 앞길이 어두워지게 됩니다. 밝은 길로 가야 길을 바르게 갈 수 있습니다. 어두운 길은 갈 수가 없는 것입니다.

다시 강조하자면, 욕심과 성남과 거짓을 모두 벗어버리고 오직 청정한 한마음을 챙기시기 바랍니다. 그리고 사람으로 다시 태어나 진리를 깨닫고 세상을 위해 좋은 일을 하면서 살겠다는 굳은 마음을 일으키고 또 일으키어 다지고 다진 뒤 떠나시기를 기원합니다. 청정한 마음을 챙기고 또 챙기면 청정해집니다. 계속 정성 들여 안 되는 일은 없는 것입니다.

진리는 꾸준히 하는 사람에게 반드시 그 결과를 안겨줍니다.
부디 잘 갔다가 잘 돌아오시기 바랍니다.

요절한 영가에게

한창 젊은 나이에 한생을 마감하게 된 ○○○ 영가와 영가의 가까운 모든 인연에게 위로의 마음을 전합니다.

석가모니불의 말씀을 담은 경전 가운데 최고의 경전으로 일컫는 《금강경》 18장에는 이런 법문이 나옵니다.
"수보리야, 과거심도 불가득이며 현재심도 불가득이요 미래심도 불가득이니라[須菩提 過去心 不可得 現在心 不可得 未來心 不可得]."
이 말은 '수보리야, 과거의 마음도 가히 얻지 못하며, 현재의 마음도 가히 얻지 못하며, 미래의 마음도 가히 얻지 못하느니라.' 라는 뜻입니다.

석가모니불께서는 세상에 정해진 것이 없다고 하셨습니다. 따라서 처한 그 순간에 최선을 다하는 것이 불법이 지향하는 점입니다.

오늘 종재를 맞는 ○○○ 영가와 영가의 가까운 인연 모두도 슬품이 크고 아쉬움도 많겠지만, 현실을 받아들이고 현실을 딛고 일어설 생각을 해야 모두에게 바람직합니다.

세상에는 변하는 이치와 변하지 않는 이치가 있습니다. 단 한 가지를 제외하고 모두 변하는 것이 바로 진리입니다. 변하지 않는 단 한 가지는 바로 모든 것이 변한다는 사실입니다. 결국 세상의 모든 것이 변하고 그 변화는 조금 빠르거나 조금 늦은 차이밖에 없습니다. 따라서 사람도 이 진리에서 벗어날 수 없어 일정 시간이 되면 죽게 되고 다시 태어나기를 반복하는 만큼 변하는 것에 속고 살면 항상 괴롭고, 변화를 활용하면 평안해집니다. 이런 변화의 이치를 볼 줄 아는 것이 바로 불교에서 말하는 '지혜'입니다.

이치가 이러하므로 살았을 때 잘 살아야 하고 죽을 때 잘 죽어야 합니다. 매순간 최선을 다하는 모습이어야 한다는 것입니다. 순간순간 어떤 것을 표준으로 삼아 최선을 다해야 자신을 복되게 할까요?

첫째, 많이 베푸는 삶을 살아야 합니다.

베풀 수 있다면 언제 어디서나 베푸는 마음을 잃지 말아야 할 것입니다.

누구든 한생 살고 나면 남는 것이 바로 자신이 지은 복덕입니다. 몸과 입과 마음으로 최선을 다해 복덕을 쌓는 것이 잘 사는 것이며, 이렇게 살면 그 결과 이생에서 끝나지 않고 다음 생의 복덕이 됩니다.

나옹[懶翁. 1320~1376] 대사에게 누님이 한 분 있었습니다. 이 누님은 동생의 지도로 불문에 귀의하였지만, 공부는 하려 하지 않고 도행道行이 높은 동생 나옹 대사에게 의지하려고만 했습니다. 대사는 자기만 믿고 공부를 게을리하며 보시를 하지 않는 누님이 걱정되어, 만날 때마다 마음공부 열심히 하고, 복을 많이 지으라고 권하였지만 누님이 말을 듣지 않았습니다.

어느 날 나옹 대사가 누나를 자기가 있는 절로 초청했습니다. 마침 그날은 신도의 49일 종재를 베푸는 날이어서 누나에게 구경하러 나오라고 했던 것입니다. 누나가 동생 덕으로 잘 먹고도 싶고 동생 자랑도 할 겸 친구와 함께 종재에 참석했습니다.

누나가 나옹 대사의 방에 들어가니 점심상으로 두 상이 잘 차려져 있었습니다. 누나가 속으로 하나가 대사의 상이고 다른 하나는 자기의 상이려니 생각했습니다. 그런데 나옹 대사가 누나가 곁에 앉아 있는데도 불구하고 진수성찬으로 차려진 큰 상에서 옆도 보지 아니하고 자기 혼자만 맛있게 밥을 먹는 것이었습니다. 음식상 하나가 상포에 덮여 옆에 있었지만, 누님에게 드시라고 권하지도 않고 자기 혼자만 음식 먹기를 마치고 나서 말했습니다.

"누님, 나는 점심을 잘 먹어 배가 부른데 누님 배도 부르지요?"

누나는 정말 어이가 없었습니다. 사람을 일부러 초청해놓고 자기 혼자만 맘껏 먹고 나서 겨우 한다는 말이 '배가 부르지요?' 하니 어이가 없는 노릇이었습니다. 그래서 누나가 퉁명스럽게 대답했습니다.

"글쎄, 대사가 먹었으니 대사의 배가 부르지, 어찌 음식을 먹지 않은 내 배가 부르겠소."

누님의 말을 들은 나옹 대사가 말했습니다.

"말씀인즉 과연 옳은 말입니다. 내가 먹었으니 내 배가 부를 수 밖에요. 어찌 누님의 배까지 부르겠습니까? 이렇듯 마음공부와 복 받는 것도 마찬가지입니다. 누님이 먹어야 누님의 배가 부르듯, 누님이 마음공부를 하여야만 누님의 생사 대사를 해결할 수 있고, 복을 많이 지어야 또 받을 게 아닙니까?"

그때서야 누나는 깜짝 놀랐습니다. 과연 그렇겠다는 생각을 한 것입니다. 나옹 대사는 누님이 참회하고 깨침이 있는 것으로 보이자, 옆에 차려진 음식으로 공양케 하였습니다.

우주는 인과의 진리에 의해 움직입니다. 그러므로 원인 없는 일이 일어나지 않습니다. 인생에 절대적으로 필요한 복과 지혜도 내가 짓지 않고 닦지 않으면 갖추어지지 않습니다. 그래서 한없는 세상을 잘 살아가기 위해 복덕을 쌓아야 한다는 것입니다.

둘째, 살아 있을 때 마음공부 열심히 해서 지혜를 이뤄야 합니다.

부처님께서는 정업은 면치 못한다고 하셨습니다. 이 말씀은 이미 몸과 입과 마음으로 지은 업은 되돌릴 수 없으며, 지은 대로 받게 된다는 것입니다. 그런데 이를 넘어서는 방법이 있다고도 했습니다. 그 업을 받을 때 진정으로 참회하며 그에 마음을 두지 않고 편하게 받으면 된다고 했습니다. 그러므로 살아 있을 때에 마음공부를 잘해야 합니다. 수행한 결과는 없어지는 것이 아니라 살다 죽어 다시 몸을 받게 되면 다시 자기 마음의 힘이 되고 지혜가 되기 때문입니다. 또한 수행을 많이 해서 마음의 힘을 가지고 있어야 살 때도 편안하고 죽어가서도 자기 마음대로 할 수 있기 때문입니다.

사람의 마음은 욕심과 착심을 없애는 수행을 많이 하면 일심이 되어 그 영혼이 맑아지고 밝아지는 것입니다. 영혼이 맑아지고 밝아지면 모든 일에 늘 자유로워 자기가 원하는 일을 마음대로 할 수 있게 됩니다. 그래서 살아 있을 때 그 어느 일보다 수행하는 일에 자신을 투자해야 하는 것이며, 특히 죽음에 이르면 일심의 힘이 가장 크게 작용하는 때이므로 일심을 챙겨야 하는 것입니다.

정산[鼎山-宋奎. 1900~1962] 종사님께서는 이렇게 말씀하셨습니다.

"욕심과 착심이 많을수록 그 영식靈識이 높이 솟지 못하고 악도에 떨어지게 되나니, 마치 탁하고 무거운 것은 아래로 가라앉는 것 같고, 욕심과 착심이 없을수록 그 정신이 높이 솟아서 선도에 수생하게 되나니, 마치 맑고 가벼운 것이 높이 오르는 것 같느니라."

또 말씀하셨습니다.

"사람의 영식이 최후의 일념을 확실히 챙기며 청정한 마음으로 구애 없이 떠난즉 가고 오는 길에 매함이 없으나, 그렇지 못한 영은 그 영로에 미혹이 많나니, 더욱 천도 행사가 필요하느니라."

재를 모시며 우리가 할 일은 우리 스스로 일심을 챙겨 가신 분을 축원해야 하는 것이며, 재를 받으시는 영가께서는 우리들이 일심으로 축원하는 것을 잘 활용하여 당신의 일심을 챙겨 내세의 길을 열어가야 하는 것입니다.

셋째, 살아 있을 때 잘해야 하는 일의 또 하나는 좋은 인연을 많이 짓는 일입니다.

모든 생명이 행복하고 불행한 것은 인연의 좋고 나쁨에 있습니다. 인연이 좋으면 행복한 삶이 되고 인연이 나쁘면 불행한 삶이 되는 것입니다.

자신의 삶이 늘 싸우기를 좋아하는 사람들 속에 있다면 그 삶은 행복하겠습니까? 심리적 안정이 안 되고 불안하겠지요.

자신의 삶이 늘 시장 한복판에 있다면 그 마음은 과연 고요힐 수 있겠습니까? 늘 요란하고 들떠 있게 될 것입니다.

만약 자신이 자비로운 부처님의 곁에 있다면 그 마음은 어떠할까요? 늘 편안하고 근심과 걱정이 없게 될 것입니다.

이처럼 사람이 산다는 것은 어떤 인연을 만나 어떻게 사느냐에 따라 행복과 불행이 교차하게 됩니다. 그래서 상극의 인연을 짓지 않고 상생의 인연을 짓는 데에 힘을 기울여야 합니다. 좋은 인연은 죽어서도 그대로 이어집니다. 지은 인연이 어디로 가는 것이 아니기 때문입니다.

제가 원남교당에서 부직생활을 할 때였습니다. 교도 가운데 서재원화徐在願華라는 사람이 있었는데, 어느 날 다급한 목소리로 교당에 전화를 해왔습니다. 집인데 무서워서 방에 들어갈 수 없으니 와서 독경을 해달라는 내용이었습니다. 저는 주임교무인 박은국[朴恩局. 1923~2017. 香陀圓] 교무님을 모시고 교도 집을 방문했습니다. 그날 서 교도는 군인인 시동생이 교통사고로 죽어 장례를 치르고 집에 돌아와 시동생이 거처하던 방에 들어갔는데, 침대에 시동생이 앉아 있어서 무서워 집에 있을 수가 없다는 것이었습니다. 그 말을 들은 박은국 교무님이 시동생 방으로 가서 한참을 독경하자 서 교도가 무서움이 풀린다고 말했습니다.

죽으면 영혼이 아주 멀리 간다고 생각하는 경우가 있습니다.

그러나 영력이 빼어난 영혼이 아니면, 영혼은 인연이란 인력에 의해 평소 가깝게 지낸 인연들의 곁을 쉽게 떠나지 못합니다. 따라서 살 때 인연을 잘 지어두어야 하고 삶을 잘 보내야 합니다.

 간절히 바랍니다. 종재를 받으시는 영가시여, 이생의 삶이 모두 마무리된 만큼 일심을 챙기고 또 챙겨서 미련 없이 감사의 마음으로 떠나 새로운 부모 만나 좋은 삶 열어가시기를 기원합니다.
 그리고 영가의 가족과 가까운 인연 모두는 영가께서 좋은 인연을 만나 좋은 삶을 열어가기를 언제 어디서나 기원해 주는 것으로 영가와의 인연을 다지고, 이제는 현실로 돌아와 각자의 삶에 최선을 다해야 할 것입니다.

부처의 아버지, 정반왕의 죽음

○○○ 영가의 종재에 영가는 물론 효자인 ○○○ 교도를 위해 부처님의 아버지, 정반왕의 죽음과 부처님의 열반에 대한 상황을 소개합니다. 부처님의 아버지 정반왕의 죽음은 부모의 마음이 어떤 것인지, 자식은 어떻게 해야 하는 것인지를 잘 보여주는 사례라고 할 수 있습니다.

석가모니불의 아버지 정반왕이 70이 넘어 회생하기 힘든 중병을 앓고 있었습니다. 자신이 다시는 일어날 수 없다는 것을 알게 된 정반왕은 이미 출가한 아들들과 손자가 보고 싶어져 말했습니다.

"내 비록 지금 죽는다 해도 괴롭다고 생각하지는 않는다. 다만 내 아들 싯달타를 보지 못하는 것이 한스럽다. 이미 출가한 작은 아들 난타와 손자 라후라, 조카 아난을 보지 못하는 것이 한스러울 뿐이다."

이것이 부모의 마음이며 혈족의 마음입니다. 죽을 때까지도 핏줄에 대한 정을 쉽게 놓지 못하는 것이 바로 부모의 마음입니다.

정반왕이 열반에 가까워져 부처님을 보고 싶어 한다는 소식이 전해지자, 부처님께서 서둘러 아버지 곁에 가게 되었습니다. 도착한 부처님을 향해 아버지 정반왕이 말했습니다.

"네 손으로 나를 좀 주물러 다오. 그러면 내가 편안할 것 같구나. 내 몸은 마치 기름을 짜는 것 같아 아픔을 참을 수가 없게 되었구나. 이제 마지막으로 너를 만나게 되었으니 아픔이 사라지는 것만 같구나."

정반왕이 아들을 향해 합장하고 이어 말했습니다.

"너의 꿈도 이제 성취하였고 또한 중생들의 소원도 이루어지는데, 나는 지금 일어나지 못할 병을 얻었으니, 나를 고통으로부터 제도하여 주었으면 좋겠다."

애절한 성반왕의 말씀을 듣게 된 부처님께서 아버지의 이마를 손으로 만지면서 말씀드렸습니다.

"아버지시여, 근심 걱정하지 마십시오. 근심 걱정을 버리시고 법만을 깊이 생각하십시오. 마음이 흔들리지 않으면 선근을 심는 것이니, 기쁜 마음으로 임종을 맞으시되 마음을 편안하게 가지십시오."

이 말을 들은 정반왕이 기뻐하면서 부처님의 손을 꼭 잡아 가슴 위에 놓고 누운 채로 합장하고 아들 석가모니불을 바라보면서 말했습니다.

"내가 너를 바라보나 눈이 흐려져 아물거리지만 보기가 싫지는 않구나. 이제 내 소원도 모두 이루어졌으니 참으로 기쁘다. 내가 누워서 헤어지게 되었으나 너를 보고 가니 행복하구나."

아버지가 합장한 채로 눈을 감으니, 부처님도 합장으로 아버지 정반왕의 임종을 지켰습니다.

부처님께서 열반하신 아버지의 관을 매려 하였습니다. 이는 부모님께 보은하는 마음에서였습니다. 그러나 주변의 많은 사람들이 만류하여 행로行路를 잡고 앞장서서 장지로 가, 향나무를 쌓고 관을 올려 친히 불을 붙였습니다.

부처님께서 화장터에서 사람들을 향하여 말씀하셨습니다.

"세상은 무상하여 고통이 가득하고 텅 비어 내 몸이라고 할 것이 없다. 사람이 한 세상을 산다는 것은 환상과 같고, 타오르는 불꽃과 같으며, 물속의 달그림자와 같아 잠시 그렇게 있어 보이는 것뿐이다. 여기 있는 사람들은 타오르는 불길을 열기로만 보지 말고 욕심의 불길로 보아라. 욕심의 불길은 이 불보다 더욱더 뜨겁다. 그러므로 무상한 몸으로 잠시 살다가는 우리들은 게으름에 빠지지 말고 부지런히 수행하여 길이 생사의 괴로움을 벗어나 해탈의 즐거움을 얻어야 한다."

모든 욕심을 내려놓고 이를 초월할 수 있어야 생사의 문제가 해결된다는 것이었습니다.

화장이 끝난 뒤 제자들이 물었습니다.

"정반왕께서는 금생을 마치고 돌아가셨으니, 그 혼령은 어느 곳에 태어나셨습니까?"

"아버지 정반왕은 청정한 사람이셨다. 그분은 천상의 정거천에 나셨다."

아버지 정반왕을 이렇게 보내드린 부처님의 열반은 어떤 모습이었을까요?

《대열반경》에 의하면 석가모니불께서는 마지막 하안거를 하셨을 때 몸에 병이 있었다고 합니다.

아난이 부처님을 향해 병이 어떠한지를 묻자, 부처님께서 대답하셨습니다.

"아난아, 나는 이제 늙고 쇠하였다. 이미 여든에 이르렀다. 예컨대 아난아, 낡은 수레는 가죽 끈에 의해 겨우 움직이듯이 나의 몸도 가죽끈의 힘으로 겨우 움직이는 수레와 같다."

만물이 생로병사라는 윤회 즉 변화를 거듭하여 한없는 세상을 살아가는 것이 진리입니다. 따라서 진리를 깨달은 부처라 해도 변화하는 자연의 이치를 거스를 수 없는 것입니다.

거스를 수 없다면 어떻게 해야 할까요?

부처님께서는 자연의 이치를 거스를 수 없다는 것을 알아 그것

1부 立大願力 莫着而去

을 수용하고 해탈하셨으며, 많은 사람에게 수용하고 해탈할 것을 가르쳐 주신 분입니다.

다자탑 앞에서는 부처님께서 이렇게 말씀하셨습니다.

"내가 등이 많이 아프구나. 여기에서 잠시 쉬어가는 것이 어떻겠느냐? 좀 쉬어가고 싶구나."

아주 인간적인, 부처도 아프며 죽는 것임을 보여주셨습니다.

부처님께서는 이곳에서 당신의 열반에 대해 말씀하셨습니다. 이에 아난이 다시 질문하자, 부처님은 3개월 후 사라쌍수에서 열반에 드실 것이라는 말씀을 하셨습니다. 3개월 후 달이 밝은 사라 숲에 계시던 부처님께서 당신의 가사를 접어 깔고 그 자리에 누우시어 열반에 들려 하셨습니다. 이때의 부처님 나이 80이셨습니다.

부처님께서 마지막 말씀을 남기셨습니다.

"비구들이여! 모든 현상은 변한다. 진리를 등불로 삼고 자신을 등불로 삼아[自燈明 法燈明] 부지런히 노력해라."

부처님의 아버지와 부처님의 열반에서 우리가 발견해야 할 것이 있습니다.

그 하나는 진정한 효도는 진리를 깨달아야 가능하다는 점입니다. 부모님을 안심케 하여 진리에 회향하게 하고, 열반에 들면 인도환생할 수 있도록 안내할 수 있어야 한다는 것입니다.

둘은 한생 끝나면 모든 것이 끝나는 것이 아니고 다음 생으로 이어진다는 것입니다.

셋은 부지런히 수행하여 길이 생사의 괴로움을 벗어나 해탈의 즐거움을 얻어야 한다는 것입니다.

넷은 모든 것은 변하는 것이니 변하는 것에 매달리지 말고 오직 법등명 자등명해야 한다는 것입니다.

오늘 종재를 맞은 영가시여! 부처님의 이와 같은 삶과 법문에 의지해 다시 한번 청정 일념을 챙기어 새 몸을 받으시고, 또 다음 생에는 윤회를 자유롭게 하는 공부를 부지런히 하여 성불제중의 큰 과업을 이루시기를 기원하고 또 기원합니다.

2부
생사 없는 이치를 알아야 하고
생사 없는 것을 증득해야 하고
생사 없는 것을 활용해야 한다

知無生死
證無生死
用無生死

시절 인연

우리나라에서 가장 많은 목간이 출토된 곳이 경남 함안군 성산산성이라고 합니다. 2009년 5월 8일 가야문화재 연구소에서 성산산성을 14차 발굴하던 날이었습니다. 그때 연못 자리에서 목간과 함께 연 씨앗 10개가 지하 4~5m에서 나왔습니다. 함안박물관은 발견된 씨앗 중 2개를 한국지질자원연구소에 의뢰해 성분 분석과 연대 확인을 한 결과 각각 650년, 760년 전인 고려 시대의 것으로 확인됐다고 밝혔습니다.

함안군은 남은 연꽃 씨앗을 '아라백련'이라고 이름 짓고, 그해 함안박물관과 농업기술센터에서 남은 8개의 연꽃 씨앗 중에서 3개를 발아시키는 데 성공했습니다. 함안박물관이 연꽃 씨앗 발아 과정을 관찰한 기록에 따르면 침종[씨앗 담그기]한 지 5일 만에 싹을 내기 시작했고 3개월이 지나자 여러 개의 잎이 정상적인 성장을 보였습니다.

한 해가 지난 2010년 8월, 연은 10여 개에 가까운 꽃을 피웠습니다. 그런데 색깔이 흰색이 아닌 붉은색이어서 이름을 고쳐 '아라홍련'이라고 했습니다.

일본에서는 2000년 전 연 씨앗을 발아시켜 꽃을 피운 적이 있었다고 알려졌습니다. 그리고 연 씨앗은 제대로 보관하면 1만 년까지 보존되며, 그때에도 조건만 맞으면 발아가 된다고 합니다.

모든 씨앗은 발아 요건이 있습니다. 온도, 산소, 수분 등이 갖추어지면 발아되며, 빛을 필요로 하는 것도 있다고 합니다.

함안의 성산산성에서 발굴된 연 씨는 700여 년 전인 고려 말기에 연못에 떨어져 땅속에서 보냈지만, 조건이 갖추어지자 발아되어 700년이 지났는데도 꽃을 피웠습니다.

연 씨앗만이 아니라 세상의 모든 씨앗은 인연이 맞으면 발아하여 자신이 가지고 있는 모습을 보입니다. 이것이 자연의 이치입니다.

사람들이 살면서 몸과 입과 마음으로 뿌린 씨앗도 시절의 인연을 따라 결과를 가져오게 되어 있는 것이 바로 자연의 이치입니다. 오면 가고 가면 오는 것도 모두 자연의 이치인 인과일 뿐입니다. 이 말은 뿌린 씨앗이 그냥 사라지는 이치가 없다는 것과 같습니다.

오늘 종재를 받으시는 ○○○ 영기께서도 자연의 이치인 인과의 이치에 의해 왔다가 떠났으니 다시 오실 것은 의심할 여지가 없는 일입니다.

비 온 뒤 칠흑같이 어둔 밤길을 걸을 때, 이치를 아는 사람은 밝아 보이는 곳에 발을 내딛지 않습니다. 발을 내딛는 순간 진흙땅에 빠지기 때문입니다. 알고 가는 길과 모르고 가는 길이 차이가 있습니다. 그래서 진리를 깨달은 부처님께서는 모든 미련을 놓고 밝은 마음으로 생사의 길을 알아서 보고 떠나라고 했습니다.

영가시여! 살면서 지었던 좋은 일과 궂은일, 만났던 모든 인연을 내려놓고 미련 없이 갈 길 밝게 보고 잘 떠나시기를 기원합니다. 뿌린 씨앗은 미련을 갖지 않아도 시절의 인연을 따라 나타날 것입니다.

세상 사람들이 제일 소중하게 여기는 것이 자신의 생명입니다. 그런데 자식을 가진 부모는 자신의 생명보다 자식을 소중하게 여깁니다.

○○○ 영가께서는 당신의 생명보다 소중히 여기는 자녀 4남 1녀를 두어 세상에 유익한 일을 하는 사람들로 만들었습니다. 뿐만 아니라 하나뿐인 딸이 진리를 깨닫고 생령들을 위해 몸 바쳐 일하겠다고 나서자, 모든 것을 접고 일체생령을 위해 희사했습니다. 당신의 목숨보다 더 귀하게 여기는 딸을 일체생령에게 희사한 그

마음은 살아오면서 쌓은 그 어떤 공덕보다 크기만 합니다. 그러기에 불가에서는 일자 출가에 구족이 생천[一子出家九族生天]한다는 말이 있습니다.

어떤 생명이든 한 생명이 태어나 한생을 살고 난 후, 죽어 다음 생을 맞을 때 문제되는 것은 한생을 살면서 지은 죄와 함께 어떤 것에 집착하는 것입니다. 이것이 힘이 되어 업력으로 작용하면 자신의 바람과는 관계없이 악도세계에 들어 고통스러운 한생을 살게 됩니다. 그런데 그 무거운 업도 든든한 방패막이가 있으면 자신이 보호받을 수 있는 것입니다.

저는 6년 동안 바다가 지척인 부산에서 근무한 일이 있습니다. 그래서 때로 바닷가에 앉아 밀려오는 파도를 볼 수 있었습니다. 밀려오는 파도는 그 크기에 따라 모래사장 멀리까지 밀려 오릅니다. 그런데 제 생각과는 다른 결과를 만드는 파도도 봤습니다. 바라보는 파도가 조금 전까지 밀려온 여러 파도보다 커 보이는 파도였기 때문에 모래사장 멀리까지 밀려올 것으로 생각했습니다. 그런데 그렇지 않았습니다. 파도의 크기와 높이가 모래사장에 이르는 거리와 비례하는 것이 아니라, 바로 직전의 파도가 모래사장에 얼마만큼 올라왔느냐에 따라 달라졌습니다. 직전의 파도가 모래사장에 밀려 올라왔다가 밀려 내려오며 다시 밀려오는 파도를 저지하기 때문이었습니다.

○○○ 영가께서는 한생 잘 산 것으로도 다시 인도환생하겠지만, 따님을 희사한 공덕이 방패막이 역할을 해서 인도환생하시는 데 훨씬 수월할 것으로 생각합니다.

거듭 당부합니다. 혹시라도 이생에 대해 미련이 남았다면, 내세를 열어 가는 데 조금도 이익되지 않는다고 하신 깨친 분의 말씀을 믿으시고, 모두 놓고 다음 생을 잘 열어 가는 일에만 온 마음을 다하시기를 기원합니다.

생사는 거래라 했습니다. 왔다가 가는 일입니다. 그리고 가면 반드시 올 수밖에 없습니다. 생사의 이치가 이러하므로 이 이치를 아는 사람은 생사에 참으로 담담합니다.

《장자》 지락편至樂篇에 아내의 죽음과 관련한 이야기가 나옵니다. 장자[莊子-周. BC 369~BC 286. 송나라]가 부인의 상을 당했을 때, 친구인 혜자[惠子-惠施. BC 370?~BC 310?]가 문상을 갔습니다. 그때 장자는 악기의 하나인 분盆을 두드리며 노래하고 있었습니다. 이에 혜자가 장자에게 말했습니다.

"부인과 함께 살면서 자손을 양육하고 노쇠하여 사망했는데 곡하지 않는 것은 괜찮지만, 그런데 분을 두드리며 노래함은 좀 심하지 아니한가?"

장자가 혜자의 말에 답했습니다.

"그렇지 않네. 아내가 죽었을 때 어찌 슬프지 않았겠는가. 그녀의 시원始源을 성찰해 볼 때 본디 생명이란 없었네. 생명이 없었을 뿐만 아니라 형체도 없었네. 형체가 없었을 뿐만 아니라 기식도 없었네. 흐릿하고 아득한 사이에 섞였다가[혼돈 속] 변화하여 기식이 생기고, 기식이 변하여 형체가 생기고, 형체가 변화하여 생명이 생겼네. 이제 또 변화하여 죽었으니 이것은 춘하추동 사계四季가 운행함과 한가지라네. 그녀는 이제 대지 위에 편안히 잠자고 있는데 내가 소리 내어 따라 운다면 스스로 천명에 달통하지 못함을 인정함이네. 그래서 그만두었네."

진리를 깨달은 사람은 하나같이 생사를 장자가 말한 것처럼 말합니다. 그래서 깨달은 이 가운데는 이생의 인연이 다 되었다 싶으면 자신의 명을 거두어 간 분들이 많았습니다.

진묵[震默- 一玉. 1563~1633] 대사가 열반에 앞서 삭도를 친 뒤 깨끗이 목욕하고, 새 옷으로 갈아입고 지팡이를 짚은 채, 문밖의 시냇가를 서서히 거닐었습니다. 얼마 후 걸음을 멈추고 물속에 비친 자신의 그림자를 지팡이로 가리키면서 동자에게 묻습니다.

"얘야, 저기 물속에 비친 그림자가 누구의 영상이냐?"

"스님의 그림자이지, 누구의 그림자이겠습니까?"

"너는 어찌 여래의 그림자로 보지 못하고, 단지 진묵의 그림자로만 보느냐?"

스님이 이처럼 당신이 석가의 후신임을 확인시키고 방으로 들어가 제자들에게 말했습니다.

"내 장차 갈 터이니 물을 것이 있으면 물어라!"

"스님, 백 세 후 종승宗僧을 뉘에게 뎔까요?"

"무슨 종통이 있으리오."

진묵 대사가 제자들이 거듭 가르쳐 주기를 청하자 마지못해 대답하였습니다.

"명리승이지만 휴정 노장에게 붙여 두어라."

그러더니 거연히 열반하였습니다.

가면 온다는 이치가 없다면 깨달은 사람들이 이렇게 가는 일은 없을 것입니다. 남보다 더 살려고 사는 방법을 강구했을 것입니다.

오늘 종재 의식을 받으시는 ○○○ 영가께서는 물론 이 자리에 함께한 우리는, 생사는 하나이고 변화일 뿐이고, 윤회이고 왔다가 가는 것임을 굳게 믿고 확실히 알아, 생사에 대해 해탈하고 자유자재하였으면 합니다.

자녀와 일가 친척들에게 당부드리고 싶은 것이 있습니다. 포아라는 풀에 대한 이야기입니다. 포아풀은 키가 6㎝ 정도이지만 뿌리는 무려 700㎞여서 어느 곳에서나 살 수 있다고 합니다. 식물만이 아닙니다. 사람도 뿌리가 튼튼하지 않으면 자신의 인생은 물론 가족도 자리매김되지 않고 살아가게 됩니다. 따라서 자녀가 부모를 향하는 마음에서 보면 이는 뿌리를 튼튼히 하는 것이 됩니다.

  열반하신 ○○○ 영가와 일가 친척들은 오늘 종재로 모든 것이 끝나는 것이 아니라 변화된 모습으로 새롭게 시작할 뿐임을 알았으면 합니다. 그런 만큼 자녀와 일가 친척들은 어느 곳에 있든지 이생에 ○○○ 영가에게 입은 은혜에 보은하는 마음을 잊지 말아야 할 것이며, 보은의 방법으로 영가를 위한 기원을 놓지 않는 것은 물론 자신이 누리는 복을 영가의 이름으로 나누는 삶을 살아야 마땅한 것입니다. 꼭 그리하시기를 기원하고, ○○○ 영가께서는 미련 없이 떠났다가 다시 돌아와 좋은 삶을 열어 가시기를 빌고 또 빕니다.

생사 거래의 세 가지 근기

"세상에서 몰라 준다고 한하지 말라. 진리는 공정한지라 쌓은 공이 무공으로 돌아가지는 않으며, 같은 덕이라도 음덕과 무념의 덕이 최상의 공덕이 되느니라."
《정산종사법어》 법훈편 67장에 나오는 법문입니다.

저는 오늘 종재를 맞은 ○○○ 영가의 삶에 대한 이야기를 일찍이 접하고 참으로 고맙고 대단하신 분이라고 생각했습니다. 그리고 앞서 말씀드린 정산[鼎山-宋奎. 1900~1962] 종사님의 법문이 생각났습니다.

세상에서 가장 보람된 일은 도덕 회상에 참여하여 도덕을 펴는 일입니다. 그런데 ○○○ 영가께서는 구례교당을 설립하여 많은 사람이 도덕에 귀의하는 삶을 살 수 있게 하였으니, 그 공덕이 그 어느 공덕보다도 큰 공덕입니다.

무연지에 교당을 창립한다는 것은 결코 쉬운 일이 아닙니다. 숙세의 서원이 없고서는 될 일이 아닙니다. 그런데 이 일을 해내고, 오늘의 구례교당으로까지 입지를 굳혀 놓았으니, 이 점만으로도 참으로 장한 인생을 가꾸셨습니다.

이제 이생의 삶을 마치고 새로운 삶을 시작하여야 하는 만큼, 그 어느 때보다도 청정 일념으로 착심 없이 떠나가는 일에 집중하시기를 기원합니다.

청정 일념은 생사 거래에 가장 큰 영향을 미치는 것이므로 과거 모든 부처님께서 이를 강조하고 또 강조하셨습니다. ○○○ 영가께서는 그간 쌓아온 신앙과 수행의 힘으로 청정 일념을 챙기어 잘 갔다가 다시 와 반드시 불과佛果를 이루시기를 기원합니다.

정산 종사님께서는 생사 거래에 세 가지 근기가 있다고 하셨습니다.

첫째, 착심에 끌려 거래하는 근기입니다.

이것은 애착·탐착·원착에 끌려 거래하는 근기를 말하는 것입니다.

착심을 가진 영가는 영식이 높이 뜨지 못한다고 했습니다. 그 이유는 착심이 무겁고 탁하기 때문입니다. 무겁고 탁한 것은 아래로 가라앉고, 탁한 상황에서는 사물을 정견正見할 수 없기 때문에 영식이 높이 뜨지 못하는 것입니다.

열반인을 위해 천도의식을 하는 것도 그 핵심은 착심을 놓고 청정 일념을 챙기게 하자는 것입니다. 독경과 축원을 계속하여 착심을 놓게 하는 것입니다. 꿈에서 깨어나 제정신을 찾게 하여 갈 길 가고 올 때 오게 하는 것입니다.

둘째, 굳은 원력으로 거래하는 근기입니다.

정법 회상[진리]에 철저한 신념과 발원을 가지고 평소 신앙과 수행을 했던 사람, 최후의 일념을 청정히 한 사람은 가더라도 부처님 곁으로 갈 것이고 오더라도 부처님 곁으로 올 것입니다. 이는 마치 자석에 쇠가 붙는 것과 같다고 말씀하셨습니다.

신념과 발원이 크다는 것은 욕심이 적다는 것입니다. 생사 거래에 가장 중요한 것은 청정 일념이라 했는데, 그 청정 일념이 바로 욕심이 없는 마음이므로 신념과 발원으로 거래하라는 것입니다.

원기45년(1960) 7월 29일의 일입니다. 대산[大山-金大擧. 1914~1998] 종사님의 모친 안경신[安敬信. 1885~1975. 鳳陀圓] 교도가 열반 전에 자녀 손들에게 말했습니다.

"우리 집안 후손 만대에 길이길이 상극의 업을 짓는 정계에는 진출하지 말라."

대산 종사님께서 모친의 곁에서 좌정하여 입정 삼매에 들었다가 깨어나자, 안경신 교도는 솔성요론 16조 중 15조까지 외우다가 잠자듯 열반하였습니다.

살아 있을 때에나 죽었을 때에나 모든 일은 염원대로, 원력대로 됩니다. 그러므로 살아 있을 때에나 죽었을 때에나 염원과 원력을 크게 가지면 그대로 되는 것이 자연의 이치입니다.

셋째, 마음의 능력으로 생사를 자유하는 근기입니다.
철저한 수행의 결과 삼대력을 원만히 얻은 불보살 성현들이 육도 거래를 임의로 하는 경우입니다. 가고 싶으면 가고 오고 싶으면 오는 능력을 갖춘 근기를 말하는 것입니다.

방 거사[龐居士 ?~808]는 동양의 삼대 거사 가운데 한 사람으로 중국 사람이었습니다. 방 거사에게는 부인과 아들딸 남매가 있었는데 가족 모두가 도인이었습니다. 어느 날 방 거사가 딸을 불러 말했습니다.
"영조야, 영조야! 해가 어디까지 왔느냐? 오시午時가 되거든 알려 주거라."
영조가 나가서 해를 보고 말했습니다.
"해가 이미 중천에 와 있습니다. 빨리 와 보세요."
방 거사가 해를 보는 사이에 거사의 딸 영조는 아버지가 앉는 죄복 위에 얼른 가서 앉아 그대로 입적했습니다. 거사가 해를 보고 방으로 들어와 죽은 딸의 모습을 보고 말했습니다.

"내 딸이 제법이구나."

방 거사가 딸의 다비를 마치고 일주일이 되는 날, 고을의 태수와 오랜만에 만났습니다. 그 자리에서 방 거사가 게송을 읊었습니다.

"빈 꽃의 그림자는 어지러이 떨어지고, 태양 불꽃의 파도는 거세게 물결치는구나!"

그리고는 태수의 무릎을 베더니 그대로 입적했습니다. 태수가 이 소식을 방 거사의 부인에게 알리자, 부인이 조금도 놀라지 않고 말했습니다.

"어리석은 딸과 무지렁이 영감쟁이가 제법이네."

부인이 밭에서 일하던 아들에게 아버지의 입적 소식을 알려주자, 아들이 일하다가 호미를 쥐고 선 채로 그대로 입적했습니다. 그 후 부인이 녹각사라는 절에서 아들의 재를 올리고, 머리에 꽂았던 비녀를 뽑아서 새로 고쳐 꽂고는 말했습니다.

"회향을 해서 다 마쳤습니다."

그리고 부인은 종적을 감추었다고 합니다.

깨달은 사람에게 생사는 이런 것입니다. 생사가 이런 것임을 모르는 사람은 가는 인연에 대해 애통을 금치 못하고, 자기 죽음에 대해서도 불안과 공포를 떠나지 못하지만, 아는 사람에게는 그냥 왔다가 가는 것입니다.

영가시여! 평소의 신성과 서원을 다시 한번 챙겨 더욱 청정한 마음을 유지하여 인도환생하시고, 다시 이 공부 이 사업을 위해 이 회상에 오시기를 간절히 기원합니다.

생의 표준

우주에는 철칙이 있습니다. 그것은 바로 생멸이 없는 도와 인과 보응되는 이치입니다. 이런 철칙이 있기 때문에 생자필멸生者必滅하는 것이고 회자정리會者定離합니다. 생자필멸 회자정리라는 말은 죽으면 다시 태어나는 것이고 헤어지면 다시 만난다는 뜻을 담고 있습니다.

죽음을 슬퍼하기에 앞서 잘 죽는 일에 초점을 두어야 합니다.
 우주의 철칙을 믿거나 아는 사람은 철칙에 순응하여 편안함을 누립니다. 미리미리 준비하는 것으로 여유를 갖습니다. 한 걸음 나아가면, 이를 활용하여 자유를 누립니다. 만약 우리의 삶이 편안치 못하고, 여유롭지 않고, 자유롭지 않다면 이런 철칙을 모르고 있기 때문입니다.
 부처님께서는 우주의 철칙을 깨달은 사람입니다. 그런데 이 부처님께서 한결같이 모든 사람에게 큰 꿈을 갖고 살 것을 말합니다. 성불제중하라는 것입니다. 참된 자기를 알고 함께하는 인연들과 나누며 살라는 말씀입니다.

저는 ○○○님이 50년의 세월을 어떤 철학으로 삶을 가꾸셨을까를 생각해봤습니다.

○○○님의 삶의 이야기를 듣고, 이 어른이 원불교를 만난 이후 그야말로 성불제중 하기 위해 숨은 적공으로 당신의 인생을 가꾸셨다는 생각을 했습니다. 제가 적공이라고 하는 것은, ○○○님이 원불교를 만난 이후 어떤 경우에도 기도하는 삶을 놓지 않으셨다는 점 때문입니다. 필요를 느끼고 이해하는 일은 어렵지 않지만 그 실천은 정말 어려운 것입니다. 그런데 ○○○님은 그 실천을 반백년 동안 하루같이 해 오셨다고 합니다. 혹 어쩔 수 없이 술을 드신 날이라 해도 잠들기 전에, 아파 누워 있을 경우라도 기도를 빠트리지 않은 것은 성불제중의 서원을 놓지 않는 모습입니다. 그리고 그 기도의 정성이 얼마나 지극하고 위력적이었으면, 자녀들이 중요한 일을 당할 때마다 그 누구보다도 먼저 아버지를 찾아가 기도를 부탁했을까 하는 점입니다.

성불제중을 꿈꾸는 사람의 기도는 자신의 영성만을 맑히고, 가까운 인연들만을 위해 기도하지 않습니다. 그래서 자신의 삶이 올곧아지고 주위의 인연들을 향한 자비의 마음이 더욱 깊어집니다.

○○○님은 그런 기도를 하셨을 것입니다. 그래서 자녀들이 자연스럽게 아버지께 기도를 위탁하는 마음이 생겼을 것입니다.

○○○님은 열반이 가까워졌을 때 자녀들에게 여러 차례 정직하게, 근면하게, 바르게 살 것을 당부하고 또 당부하셨다고 들었습니다. 철칙에 어긋나는 삶을 살지 말라는 것입니다. 성불제중을 가슴에 품고 살라는 것입니다. 그래야 진리의 보호를 받고 위력을 얻을 수 있다는 것입니다.

○○○님이 성불제중의 꿈을 이루기 위해 일관한 기도의 삶은 그대로 소리 없이 더불어 사는 삶으로 나타났습니다. 당신의 집을 초창 완도교당의 시작으로 활용하게 하는 창립주로, 공금회계의 정확과 투명, 이웃돕기, 가까운 혈연 장학금 지원, 완도중·고등학교 설립, 하나밖에 없는 딸을 공도에 희사한 이 모든 일이 제중의 삶이었습니다.

진리가 준 이생을 참 잘 살고 가셨습니다.

소태산 대종사님께서 아홉 제자에게 "시대가 비록 천만번 순환하나 이 같은 기회 만나기가 어렵거늘 그대들은 다행히 만났으며, 허다한 사람 중에 아는 사람이 드물거늘 그대들은 다행히 이 기회를 알아서 처음 회상의 창립주가 되었나니."라고 하신 말씀이 오늘 종재를 받으시는 ○○○님께 하신 말씀인 듯합니다. 그리고 ○○○님은 소태산 대종사의 말씀을 그대로 믿고 깨달아 기회를 충분히 활용하고 떠나신 분입니다.

정말 감탄스러운 것은 생사대사라 했는데 ○○○님은 생사에 해탈하셨다는 점입니다. 자녀들이 더 모시고 싶어 병원에 입원하실 것을 간곡히 말씀드렸지만, 연명을 위한 입원을 하지 않겠다는 뜻으로 마지막을 맞으셨으니, 생사에 묶여 있음이 아니고 해탈한 모습 그대로이셨습니다. 평생 성불제중의 서원으로 수도한 사람이 아니면 쉽지 않은 일입니다.

○○○님의 종재를 맞아 축원의 정성을 보태고 있지만, ○○○님의 내생에 대해 염려와 걱정이 따르지 않습니다. 훌륭한 한생을 가꾸셨습니다. 잘 다녀오실 것으로 믿습니다. 그러나 만사는 불여튼튼이라 했듯이 이 순간 하실 것을 권해드리고 싶은 것이 있습니다. 중음에서 가장 중요한 것이 입대원력立大願力하고 막착이거莫着而去하는 일이라 하셨으니, 성불제중의 서원을 더 굳게 세우셨는가 하는 것입니다. 청정한 마음으로 한없는 세월을 지내오며 맺은 인연에 대해서 혹시라도 착심이 남아 있지는 않은가 하는 것입니다. 꼭 점검하셨으면 합니다.

그리고 한없는 세상을 드나드실 때에 생의 표준이 될 법어를 소개합니다. 원만구족圓滿具足하고 지공무사至公無私함으로 거래하시라는 것입니다. 진리는 원만구족 지공무사한 것입니다. 텅 빈 가운데 충만하고 지극히 공변되어 사私가 없다는 것입니다. 원만구족하고 지공무사함으로 거래하시라는 말씀은, 몸 받아 와 살아가실 때는 망념이 쉬고 사사私邪가 끊어진 인격으로 살라는 것입니다. 망념이 쉬고 사사가 끊어지면 그것이 바로 원만구족입니다.

소태산 대종사님께서는 진리를 향해 끝없는 서원을 갖고 살 것을 말씀하셨습니다. 진리의 위력을 얻기 위해서 서원하고, 진리에 합일하기 위해서 서원하고 또 서원해야 한다고 하셨습니다.

사사가 끊어지면 위력을 얻습니다. 망념이 쉬면 진리에 합일합니다. 진리와 합일하면 진리를 마음대로 활용할 수 있는데 이것이 바로 위력입니다. 대산[大山-金大擧. 1914~1998] 종사님께서는 대공심大空心 대공심大公心으로 표현하셨습니다. 이 말씀을 보따리에 잘 챙기시기 바랍니다.

자녀들에게 당부합니다. 생각만 해도 좋은 아버지와 세세생생 좋은 인연으로 만나고자 한다면, 마음공부에 힘을 기울여야 합니다.

부처님께서 세상에 어려운 일 세 가지를 말씀하셨는데, 그 하나는 사람의 몸을 받는 일이고, 둘은 불법을 만나는 일이고, 셋은 성불제중을 이루는 것이라 하셨습니다. 사람의 몸을 받기도 어렵지만, 불법을 만나는 일이 얼마나 어려우면 세상의 세 가지 어려운 일에 넣었을까요?

불법을 만나는 일은 침개상투針芥相投와 같다고 했습니다. ○○○님은 이 인연의 진리를 알고 계셨으므로 원불교를 만나 교법대로 자신을 지킬 수 있었고, 또한 여러 사람과 함께 나누며 살 수 있었을 것입니다.

자녀들 마음에 평소 아버지의 삶을 닮고자 했고, 떠나신 지금 그리운 마음이 한없이 밀려온다면, 아버지가 정직·근면·정행을 강조하셨던 그대로 삶을 만들어가야 할 것이고, 이를 잊지 않고 실현하기 위해 교당을 내왕하며 불연을 더욱 깊게 하는 것으로 자신을 관리해야 할 것입니다.

업력을 굴리는 공부

대산[大山-金大擧. 1914~1998] 종사님께서 열반하신 분을 위해 이런 법문을 남기셨습니다.

"생래생불생生來生不生 사거사불사死去死不死 불생역불멸不生亦不滅 불멸역불생不滅亦不生." 즉, 나서 옴에 나도 낳은 바가 없었고, 돌아감에 돌아간 바 없었으며, 남이 없는지라 또한 멸함도 없고, 멸함이 없는지라 또한 남이 없다는 것입니다. 대산 종사는 이 글에 붙여 "오고 감이 없는 그 성품 자리에서 주하며 큰 공부 큰일 하시기로 큰 서원 세우소서."

백학명[白鶴鳴. 1867~1929] 스님이 있었습니다. 《대종경》에 나오는 인물이며 소태산 대종사님과 선문답을 즐기셨던 분입니다. 월명암의 조실 스님이었고 후일 내장사의 주지로 마감한 분입니다. 그 학명 스님이 이생을 마감하실 때 "가네 가네, 나는 가네. 오던 길로 나는 가네."라고 하고 떠나셨다고 합니다.

삶의 세계와 죽음의 세계가 달라 보입니다. 그러나 큰 자리에서 보면 그 자리가 그 자리입니다. 그래도 오고 가는 흔적이 있는 것이므로 올 때 잘 오고 갈 때 잘 가야 합니다.

갈 때 잘 가는 것으로 부탁드리는 것이 청정일념 입대원력 막착이거淸淨一念 立大願力 莫着而去하라는 것입니다. 청정한 한마음으로 원을 크게 세우신 후, 착 없이 가라는 것입니다.

열반이란 삶의 새로운 씨를 뿌리는 것입니다. 열반에서 씨뿌리기 좋은 기회가 두 번 있는데, 제1의 파종은 죽을 때 그 순간이며 제2의 파종은 종재 때입니다.

영가시여! 청정 일념을 더욱 챙기어 착 없이 가시면 내세의 세계가 밝게 열릴 것이므로, 씨를 잘 뿌리시라는 부탁을 드립니다.

마지막 순간이 참 중요합니다. 수술을 하여 마취에서 깨어나는 사람들 대다수가 자신이 평소 생각했던 사람이나 문제에 대해 이야기하며 깨어난다고 합니다. 이는 마취에서 깨어나는 순간만 그런 것이 아닙니다. 살아 있을 때에도 잠들기 전에 어떤 마음으로 잠들었느냐에 따라 일어날 때 잠들기 전의 모습으로 일어나기도 합니다. 그 예로 박정훈[朴正薰. 1934~2013. 裡山] 교무가 법위등급을 외우고 자는데 아침 일어날 때에 마지막 외우던 곳을 자신도 모르게 외우면서 일어났다고 합니다. 최후의 한 생각이 청정해야 하는 이유는 바로 앞서 이야기한 것과 같다는 사실을 아셔야 합니다.

지금부터 올 때 잘 오시기 위해 서원하셔야 할 것, 또 와서 힘써야 할 것은 무엇인지를 말씀드립니다.

첫째, 인연관리 잘하시기를 서원하고 가셨다가 오셔야 합니다.

원효[元曉. 617~686] 스님이 깨달음을 얻고 대중으로부터 추앙을 받은 것은 대안[大安. 571~644. 신라] 대사와 방울 스님이 있었기 때문이라고 합니다. 대안 스님은 원효 스님을 대중 앞에서는 높은 스님으로 받들면서, 단둘이 만나면 법방망이질로 "원효가 이래서야 쓰겠느냐?"라면서 어린애 다루듯이 하셨다고 합니다.

다음 생에는 원효 스님이 대안 스님과 방울 스님을 도울 것입니다. 그래서 세세생생 서로 바꿔가며 공부를 시킬 것입니다. 따라서 좋은 인연 만나기를 서원하고 만나는 인연마다 상생으로 돌리는 공부를 하리라는 서원을 해야 하는 것입니다.

둘째, 공덕을 많이 쌓는 인생을 살겠다는 서원으로 떠나셨다가 오셔야 합니다.

서울 종로교당 교도 가운데 이성은화라는 분이 계셨습니다. 어느 날 그녀가 대산 종사를 뵙는 자리에서 질문했습니다.

"원진으로 얽힌 인연 중 생존한 분은 다 풀었는데 죽은 분은 어떻게 풀 수 있습니까?"

"산사람처럼 똑같이 하되, 진리적인 참회와 반성으로 풀고 즉심고로 항상 풀고 빌며, 현실적으로 그분 몫으로 좋은 일과 사회에 유익 주는 일을 많이 해라. 가령 남에게 물 한 모금 떠 주어도 그분 앞으로 돌려드리도록 하면 자연 풀리는 법이 있느니라."

공덕은 인연을 잘 만드는 길입니다. 정신·육신·물질로 공덕을 많이 쌓으면 자신의 업력이 보이지 않는 가운데 풀려, 좋은 이생, 좋은 내생으로 이어지는 것입니다.

셋째, 마음공부 잘해서 세세생생 거래 간에 걸림 없이 오고 갈 수 있는 능력을 키우리라는 서원을 가지고 오셔야 합니다.

이리교당 교도가 중병으로 최후에 이르렀을 때 있었던 일을 시자가 대산 종사께 보고하였습니다.

"교도가 명은 하늘에 맡기고 오직 독경 일념을 유지하여 회생했다고 합니다."

그러자 대산 종사님께서 이렇게 말씀하셨습니다.

"그렇다. 명은 하늘에 맡기고 정성을 다하면 명을 이을 수도 있느니라."

이것이 바로 공부심이 생을 연장시킨 예입니다.

젊은 교무 한 사람이 열반하였을 때 대산 종사님께서 법문하셨습니다.

"금생今生에 업력전業力轉 하면 내생來生에 과환생果還生이요, 금생今生에 전업력轉業力이면 내생來生에 과불생果不生이로다."

풀이하면, 금생이 업력에 궁굴려 다니면 내생에 과보가 돌아올 것이요, 금생에 업력을 굴리고 다니면 내생에 과보가 길이 쉬어지리라는 뜻입니다.

보통 사람은 업력에 끌려 길이 얽혀 고통을 받으나, 공부인은 업력을 굴리고 다니므로 내생에 업력이 청정하여지고 불국정토를 건설하게 됩니다.

부디 업력에 묶이지 마시고 자유롭게 갔다가 자유롭게 오시기를 기원합니다.

육도의 세계

○○○ 영가시여!

이생의 삶은 참 힘든 삶이셨습니다. 그러나 잘 산 삶이셨습니다. 마음에 맺힌 것도 없지 않을 것이고, 미련도 없지 않을 것이지만 자녀들과 인연 있는 사람들이 올리는 천도 정성에 힘을 입어 이생의 애착을 모두 벗어버리고 내세의 길을 잘 가시기를 기원합니다. 특히 효심 깊은 자녀들이 어머니의 내세를 밝히는 천도재에 오롯이 마음을 썼으니 그 정성에 감응이 있을 것입니다.

사실 불효하는 자녀는 부모 열반 후 천도재 비용이 아까워 재를 생략하는 경우도 있고, 삼세의 인과와 영혼의 내왕을 몰라서 천도재를 지내지 않는 경우도 있습니다. 다행히 ○○○ 영가의 자녀들은 삼세의 인과와 영혼의 내왕을 알고 있어서, 그간 어머니 천도재에 온 정성을 다했습니다.

자녀들이 어머니 열반 후 어머니 앞으로 들어온 부의금 전액을 어머니의 천도와 미래의 복전을 마련해 드리는 것으로 사용했다고 들었습니다. 세상에 이런 자녀와의 만남은 결코 쉽지 않습니다. 그러니 ○○○ 영가의 이생의 마지막 순간이 더욱 복되고 은혜로움이 가득하니 영가께서 가볍게 떠나셨으면 합니다.

오늘 제가 ○○○ 영가 종재식에 참석하여 함께 천도기원을 올리게 되었으니, 불법의 세계에서 밝히는 가장 기본이 되는 이야기 보따리를 풀어 ○○○ 영가께서 사람의 몸을 받아 반드시 성불제중하시기를 기원합니다.

생명 있는 모든 것들은 천도·인도·수라·아귀·축생·지옥이라는 육도 세계에 머물게 됩니다. 어느 무엇도 이를 거스를 수 없습니다.
육도의 세계에는 두 가지 특징이 있습니다. 하나는 선도와 악도의 세계입니다. 선도에는 즐거움이 많고 악도에는 고통이 많은 세계입니다. 또 하나는 진급과 강급입니다. 하기에 따라서 진급할 수도 있고 강급할 수도 있습니다. 악도에서 선도로 들면 진급하여 고통이 줄어들고, 선도에서 악도로 들면 강급하여 고통이 많습니다. 분명하게 알아둘 것은 육도는 고정된 세계가 아니라는 점입니다. 오르락내리락 끊임없이 윤회하는 세계입니다.

선도에 들거나 악도에 드는 일, 그래서 고통이 줄어들고 많아지는 것은 모두 마음 작용의 결과입니다. 진급하고 강급하는 것도 모두 저마다의 마음을 어떻게 사용했느냐에 따른 결과입니다. 즉 마음 작용의 결과라는 것입니다. 이것이 만고불변의 이치입니다. 그런데 마음은 몸과 함께할 때 그 기능이 최고로 발휘됩니다. 몸을 떠나면 마치 나무가 겨울을 만난 것과 같이, 살아 있되 거의 작용을 멈춥니다.

마음은 두 가지 마음이 있는데, 하나는 밝은 마음이고 또 하나는 어두운 마음입니다. 밝은 마음은 늘 선도를 유지하고 진급의 세계로 나아가는데 반해, 어두운 마음은 악도로 빠져들고 강급의 세계로 들게 합니다. 그리고 어두운 마음은 두 가지 모습을 가집니다. 하나는 안 좋은 습성이고, 또 하나는 오랜 습성으로 인해 본성이 탐심·진심·치심으로 가려져 있는 것입니다. 어두운 두 마음을 합하여 하나로 표현하면 바로 무명無明이라는 것입니다.

우리는 육도 가운데 어느 세계인가에 몸을 담아야 합니다. 육도는 벗어날 수 없는 것으로 영원한 숙명입니다. 그러므로 늘 진급하여 선도의 세계에 드는 것이 자신을 위한 영원한 과제입니다. 결국 윤회하는 것은 마음이 원인이고, 그것도 어두운 마음인 무명입니다. 마음이 어두워 사실을 바로 보지 못하고 바르게 행하지 못하기 때문에 윤회합니다. 우선 육도를 모르고, 윤회한다는 것도 모르고, 영생도 모르고, 인과도 모르기 때문에 윤회합니다. 무엇이 선도이고 악도인지를 모르고, 무엇이 진급이고 강급인지를 모르고, 어찌해서 선도에 들고 진급하는지 또 어찌해서 진급하고 강급하는지를 모르기 때문에 윤회합니다. 그리고 안다 해도 실천이 따르지 않기 때문입니다.

육도 윤회에서 자유로울 수 있는 길은 단 하나입니다. 여러 방법이 있는 게 아닙니다. 선택의 여지가 없습니다. 무명의 때를 벗겨 밝은 마음을 회복해, 바르게 살고자 하는 마음공부밖에 다른 도리가 없습니다.

그렇다면 마음공부를 어떻게 해야 할까요?

영생을 믿고 생사공부를 부지런히 해야 합니다. 그러면 영생이 보여 생사를 해결할 수 있습니다. 인과를 믿고 인연을 잘 짓는 것을 부지런히 해야 합니다. 그러면 죄와 복을 알아 죄는 짓지 않고 복만 지을 수 있어, 고통은 줄고 즐거움이 가득해집니다.

부처님의 10대 제자 가운데 신통이 제일인 목련이란 제자가 있었습니다. 어느 날 목련이 어머니가 많은 죄악을 짓자 죄를 짓지 말라고 말씀드렸습니다. 그러나 어머니가 말을 듣지 않자 하루는 어머니가 보는 앞에서 끓는 기름솥에 손가락을 넣고 뜨겁다고 외쳤습니다. 옆에서 이걸 본 어머니가 말했습니다.

"왜 기름 속에 손을 넣어 아프다 하느냐?"

이에 목련이 말했습니다.

"어머니의 살생업도 스스로 지옥을 만들어 들어가려는 것과 같으며 어머니가 아들 덕분에 지옥을 면하고자 하지만은, 그것은 제 손가락은 데었는데 어머니 손가락은 아프지 않은 것처럼 죄의 뿌리를 제가 어쩌지 못합니다."

한없는 세월을 지내오며 금생에 사람의 몸으로 한생을 살고 가시는 ○○○ 영가시여!

앞서 설명한 대로 누구도 육도를 벗어나 살 수 없는 만큼, 어느 세상에 가든 영생을 굳건히 믿고 인과를 철저히 믿어, 영생의 터를 단단히 해놓으시기를 기원합니다.

부처님께서는 모든 생명이 오가는 데 가장 중요한 것이 최후의 한 생각을 청정히 갖는 것과 다시 사람으로 태어나 진리를 깨달아 중생을 건지겠다는 서원이라고 하셨습니다. 지금 이 순간 영가의 이생 인연들이 영가께서 마음을 청정히 하고 서원을 크게 갖기를 기원하고 있습니다. 영가의 후손들과 가까운 인연들이 천도의식을 통해 거짓 없는 참된 마음으로 기원하고 있는 만큼 이 간절한 기원을 바탕으로 내세를 밝게 열어가시기를 바랍니다.

다시 부처님의 말씀을 강조합니다. 마음을 청정히 하고 성불제중의 서원을 굳게 가지시기를 기원합니다.

변하는 이치

불교에 이런 이야기가 있습니다. 옛적에 한 부자가 죽는 일이 너무 싫었습니다. 그가 염라대왕과 천자를 그려 놓고 예수재를 준비할 때 많은 보물로 정성껏 공양을 올리고 죽지 말게 하여 달라고 기도하였습니다. 그러나 어느 날 부자는 병들어 죽었고 명부에 들어 염라대왕의 앞에 이르자, 대왕께 여쭈었습니다.

"제가 세상에 있을 때 죽지 않기를 대왕께 많은 정성을 들였거늘 어찌 소식을 끊고 면해 주시지 않으셨습니까?"

염라대왕이 대답하였습니다.

"그대에게 세 번이나 소식을 전하지 않았던가. 첫째는 털이 하얘짐이요, 둘째는 늙은 상이요, 셋째는 병든 상이라. 그대는 어찌 깨닫지 못하였는가? 세상에 있어 수한이 차게 되면 자연히 떠나는 것이 이치라네. 나도 어쩔 수 없는 일이네."

태어나면 늙고 병들어 때가 되면 죽는 것이 자연의 이치입니다. 이러한 이치를 거스르고 영원히 살아온 것은 단 한 가지도 없었습니다. 이치가 이러하므로 살 때 잘 살아야 하고 죽을 때 잘 죽어야 합니다. 특히 살아 있을 때에 할 일이 있습니다.

첫째, 많이 베풀며 일심을 기르는 삶을 살아야 합니다.

부처님께서는 정업은 면치 못한다고 하셨습니다. 이 말씀은 이미 몸과 입과 마음으로 지은 업은 되돌릴 수 없으며 지은 대로 받게 된다는 것입니다. 그런데 이를 넘어서는 방법이 있다고도 했습니다. 그 업을 받을 때 진정으로 참회하며 그에 마음을 두지 않고 편하게 받으면 된다고 했습니다. 그러므로 살아 있을 때에 마음공부를 잘하고 주변에도 많이 베풀어야 합니다. 수행하고 복을 지은 것은 없어지는 것이 아니라, 죽어 다시 몸을 받게 되면 자기 마음의 힘이 되고 복이 되기 때문입니다. 그리고 수행을 많이 해서 마음의 힘을 가지고 있어야, 살 때에도 편안하고 죽어서도 자기 마음대로 할 수 있기 때문입니다.

욕심과 착심을 없애는 수행을 많이 하면 일심이 되어 그 영혼이 맑아지고 밝아지는 것입니다. 영혼이 맑아지고 밝아지면 모든 일에 늘 자유로워 자기가 원하는 일을 마음대로 할 수 있게 됩니다. 그래서 살아 있을 때 그 어느 일보다 수행하는 일에 자신을 투자해야 하며, 특히 죽음에 이르러서는 일심의 힘이 가장 크게 작용하는 때이므로 일심을 챙겨야 합니다.

정산 종사께서 말씀하셨습니다.

"욕심과 착심이 많을수록 그 영식(靈識)이 높이 솟지 못하고 악도에 떨어지게 되나니, 마치 탁하고 무거운 것은 아래로 가라앉는 것 같고, 욕심과 착심이 없을수록 그 정신이 높이 솟아서 선도에 수생하게 되나니, 마치 맑고 가벼운 것이 높이 오르는 것 같느니라."

또 말씀해 주셨습니다.

"사람의 영식이 최후의 일념을 확실히 챙기며 청정한 마음으로 구애 없이 떠난즉 가고 오는 길에 매함이 없으나, 그렇지 못한 영은 그 영로에 미혹이 많나니, 더욱 천도 행사가 필요하느니라."

재를 모시는 우리가 해야 할 일은 우리 스스로 일심을 챙겨 그 일심으로 가신 분을 축원해야 하며, 재를 받으시는 영가께서는 우리들이 일심으로 축원하는 것을 잘 활용하여 당신의 일심을 챙겨 내세의 길을 열어가야 합니다.

둘째, 좋은 인연을 많이 짓는 일입니다.

인연은 행복을 결정짓는 요인입니다. 따라서 인연이 좋으면 행복하게 되고 인연이 나쁘면 불행하게 됩니다. 그래서 살아가면서 상극의 인연을 짓지 않고 상생의 인연을 짓는데 힘을 기울여야 한다고 했습니다. 좋은 인연은 죽어서도 그대로 이어집니다. 지은 인연이 어디로 가는 게 아니기 때문입니다.

어느 재에서의 일입니다. 재주가 와 이런 말을 했습니다.

"돌아가신 어머니가 제 꿈에 나타나셔서 '배가 고프다, 춥다.'고 하십니다."

그래서 저는 이렇게 말씀드렸습니다.

"배고픔에 처해 있는 여러 사람 또는 대중을 위해 어머니의 이름으로 공양하고, 옷이 없어 추위에 떠는 사람을 위해 옷을 사서 추위를 면하게 해주세요."

그후 재주인 딸이 제가 권하는 대로 그렇게 했는데, 어머니가 다시 꿈에 나타나 '고맙다, 잘 가겠다.'고 말했다고 했습니다.

○○○ 영가께서도 부처님의 말씀대로 이생에 모든 착심을 내려놓고 원력을 크게 세우신 후, 잘 떠났다가 다시 오시기를 기원합니다.

일자출가 구족생천

저는 ○○○ 영가와 이생의 인연으로는 오늘이 두 번째입니다. 한 번은 열반하셨을 때 문상에서이고, 종재를 지내는 오늘이 두 번째입니다. 그러나 따님인 ○○○ 교무와는 40년의 인연이 있고, 40년 전 ○○○ 교무가 해준 밥을 먹고 교역에 임했기 때문에 빚을 많이 졌습니다. 그런데 오늘 ○○○ 교무의 어머니 종재에 같이 천도를 축원할 수 있게 되어 약간이나마 보은할 수 있게 되었습니다. 그래서 진정으로 보은하는 마음에서 ○○○님의 천도를 위해 말씀을 올릴까 합니다.

나는 것도 본래 남이 없고
멸하는 것도 본래는 멸함이 없다.
생멸이 본래 비었으니
실상은 항상 머물도다.

이 글은 당나라 때의 황벽 희운[黃檗-希運. ?~850] 스님이 어머니를 화장해 묻고 읊은 게송입니다. 황벽 희운 스님은 무섭게 정진해 도를 이뤘던 분으로 많은 일화를 남겼습니다. 그 일화 가운데 하나가 출가생활을 할 때의 일화입니다.

"부처님이시여, 일자출가에 구족 생천한다고 했는데 한 사람이라도 피해 가면 부처님께서 절 속이는 것입니다."

황벽 스님이 일자출가 구족생천一子出家 九族生天한다는 부처님의 말씀을 인거한 데에는 사연이 있습니다. 스님은 출가하여 이십 년 가량 이 절 저 절로 다니면서 공부를 해도 공부의 진취가 별로 없었습니다. 그러는 동안 속가의 아버지가 돌아가셨고, 홀어머니는 아들이 보고 싶어 아들 생각만 하다가 시력을 잃었습니다. 스님의 어머니가 어떻게 하면 아들을 볼 수 있을까 해서 고향의 강가 나루터에 작은 초가를 지어 놓고, 오가는 스님마다 발을 씻겨 주었습니다. 황벽 스님은 어릴 때 사고로 발가락 하나가 없었습니다. 발가락이 하나 없는 자기 아들을 만나려고 오가는 스님들의 발을 씻겨 주고 있었던 것입니다. 그러기를 오랜 세월, 황벽 스님이 그 강가의 나루터를 지나게 되었습니다. 황벽 스님이 어머니가 스님들의 발을 씻겨 주고 있음을 보고 멀리서 눈물을 훔치고 있다가, 어머니 곁에 다가갔습니다.

"스님이십니까? 스님께서도 발을 내놓으시지요."

스님의 어머니는 그렇게 만나고자 했던 아들의 발을 씻어주고 있다는 것도 모르고, 황벽 스님의 발을 깨끗이 씻은 뒤 말했습니다.

"이제 왼발도 주시지요."

"왼발은 종기가 나서 씻을 수가 없습니다."

황벽 스님은 자기 어머니의 손을 꼭 잡고 말했습니다.

"잘 사십시오."

황벽 스님이 그렇게 말을 남기고 배에 올랐습니다. 조금 뒤에 마을 사람들이 몰려와서 스님의 어머니에게 말했습니다.

"조금 전에 간 스님이 황벽 스님입니다."

순간 황벽 스님의 어머니가 문을 박차고 나가면서 울부짖었습니다.

"황벽아! 황벽아, 내 아들 황벽아!"

황벽 스님의 어머니는 아들의 이름을 애절하게 부르면서, 엎어지고 넘어지며 강가로 갔습니다. 그리고 강물로 뛰어들어 아들을 애타게 불렀습니다. 그러다 물살 센 곳에 이르러 물살에 빨려들어 그만 죽었습니다. 황벽 스님이 배를 타고 가면서 그 상황을 지켜보다가, 어머니가 숨지는 것을 보고 하늘을 향해 고함을 쳤습니다.

"부처님이시여, 일자 출가에 구족생천한다고 했는데, 한 사람이라도 피해 가면 부처님께서 절 속이는 것입니다."

황벽 스님이 돌아와 어머니의 시신을 거두어 화장하고 다시 게송을 읊자, 하늘에서 어머니의 소리가 들렸습니다.

"고맙구나, 너의 법력으로 내가 극락세계에 간다."

황벽 스님은 어머니의 열반을 기연으로 더욱 정진했고, 후일 백장[白丈-懷海. 720~814. 당나라] 스님의 문하로 들어 선지식이 되었습니다.

○○○ 영가의 인생은 청각장애로 인해 삶이 매우 어렵고 힘들었을 것입니다. 그러나 이에 좌절하지 않고, 오히려 놓고 버리고 비우는 힘을 길러 영생의 터를 잘 닦으셨습니다. 뿐만 아니라 따님의 연원을 받아 입교하여 불연을 두터이 하셨으니, 다음 생은 업력에서 조금은 자유로워 좋은 인생을 가꿀 것입니다. 또한 따님의 염원으로도 다시 인도환생하여 이생에 이루지 못했던 일을 이뤄가면서 영생을 이어갈 것으로 믿습니다. 그리고 불법의 인연 속에서 공도에 헌신하고 있는 자녀들은 마땅히 어머니가 한없는 세월 불법을 떠나지 않고 살아가실 수 있게, 천도를 위해 이생이 다할 때까지 축원하고 또 축원해야 할 것입니다.

천도재는 영가가 내세를 잘 열어 가시도록 안내하고 축원하는 의식입니다. 앞서 말씀을 드렸듯이 ○○○님은 극락왕생하셨을 것이지만, 천도에 더욱 도움이 되고 내세에는 이생과 같이 답답한 삶이 되지 않기를 바라며, 의식에 참여한 대중 또한 생전에 스스로 천도를 미치는 데 도움이 되도록 부처님의 친도법문을 소개합니다.

정산[鼎山-宋奎. 1900~1962] 종사님께서는 천도의 도를 다섯 가지로 말씀해 주셨습니다.

첫째, 불연佛緣을 맺어야 한다고 하셨습니다.

이는 정법회상에 인연이 없으면 천도 받기가 어렵기 때문에 먼저 불연을 맺어야 한다고 하신 것입니다. 불법은 그 어느 종교보다도 천도에 대해 진리적이고 사실적인 법을 펴고 있습니다. 그 실제가 바로 49재입니다.

불교의 《지장경》에 49재의 유래가 나옵니다. 과거 무수겁 전에 각화정자재왕여래覺華定自在王如來라는 부처님이 있었습니다. 그 부처님이 돌아가신 후 어느 브라만의 마음씨 착한 딸이 평소에 많은 죄악을 짓고 죽은 어머니를 위하여 향화를 올리고 수없이 절하며 어머니의 천도를 기원한 것에서 기인한다고 하였으니, 불교 이전부터 천도재는 있어 온 것입니다. 그만큼 죽은 사람에게 천도재가 필요했다는 것이지요.

이렇듯 불연이 있어야 합니다. 그래야 불법을 아는 인연 있는 사람들로부터 천도재를 받고, 그 공덕으로 극락왕생을 할 수 있기 때문에 천도의 첫 번째로 불연이 강조되는 것입니다.

둘째, 믿음을 세워야 한다고 하셨습니다.

정당한 타력신과 자력신이 확립되면 스스로 천도의 길을 헤쳐 갈 수 있고, 설사 자신의 힘이 부족하다고 해도 안내하는 것을 믿고 따르면 천도를 받는 데 어려움이 없기 때문에 신심을 강조한 것입니다.

소태산 대종사님께서는 신심이 깊은 정산 종사에게 이렇게 말씀하셨습니다.

"정산은 세세생생 내 골마리에라도 차고 다닐 것이다."

○○○님, 믿음을 굳건히 세우시고 다시 와 정법에 믿음을 굳건히 하여 불과를 이루시고, 제도의 은혜를 널리 펴시기를 축원합니다.

셋째, 진리를 깨달아야 한다고 하셨습니다.

진리를 깨달으면 생사를 해탈하고 자유롭게 되고, 죄복을 임의로 하게 되고, 마음 또한 자유롭게 할 수 있게 되므로 깨달아야 한다고 하셨습니다.

힘이 없을 때에는 힘 있는 사람들의 도움을 받아야 하지만 힘을 갖추게 되면 오고 가는 것에 걸림이 없게 되는 만큼, 정진하고 또 정진하여 천도를 임의로 해야 할 것입니다.

○○○ 영기께서도 이런 생사와 천도의 도를 깊이 이해하시어,

다음 생에는 아주 자유롭게 생사를 넘나드시기를 기원합니다.

넷째, 공덕을 쌓아야 한다고 하셨습니다.

공덕을 쌓으라 함은, 평소 정신·육신·물질로 모든 동포에게 고루 덕을 베풀며 특히 제도 사업에 보시를 많이 하면 그 은덕을 흠모하고 칭송하는 사람이 많게 되므로, 오고 가는 데에 장애와 마장이 없이 언제 어디서나 천도를 받게 되기 때문이라고 하셨습니다.

만공[滿空. 1871~1946] 스님은 젊어서 상당히 호협하게 지냈다고 합니다. 그러나 한 마음을 돌이켜 수도의 길에 들어서서 정진한 결과 깨침을 얻었습니다. 스님이 하루는 자신의 전생을 돌아다보았습니다. 그런데 상상하지도 않은 전생이 나타났습니다. 자신의 전생은 기생이었습니다. 묘한 것은 기생으로 지내면서도 불공을 많이 다니고 승려들이 오면 후하게 대접해 보내어 불연을 돈독히 쌓아 놓은 한생이었습니다.

만공 스님의 전생사처럼 살면서 쌓은 공덕은 어디로 가는 게 아니고 다음의 내 인생을 만들게 됩니다. 전생에 기생이었던 만공 스님이 공덕을 쌓지 않았다면 어떻게 이생에 불법과 인연이 되고 깨달음을 이룰 수 있었을까요?

○○○님은 평소 남을 살펴주시는 일을 즐기셨다고 합니다. 그

심성이 공덕을 쌓는 것이 습성화된 것입니다. 이런 이생의 삶은 ○○○님이 인도환생하시는데 그 바탕이 될 것입니다. 그리고 자녀들과 인연 있는 사람들은 살아 있는 동안 ○○○님의 은덕을 생각하며 ○○○님을 위한 공덕을 쌓아드리는 일에 게으름을 피워선 안 될 것입니다.

다섯째, 일심을 청정하게 하라 했습니다.
이는 일심이 청정해야 오욕에 물들지 않아 집착하지 아니하고 생사를 넘나들 수 있기 때문이며, 쌓은 공덕 또한 제대로 활용할 수 있기 때문입니다.

생사의 도는 그 핵심이 일심입니다. 일심으로 살고 일심으로 떠나면, 생사 거래는 원하는 대로 되는 일입니다.

○○○님! 이생에 혹시라도 마음에 맺힌 것이 있으면 모두 내려놓으시고, 그 어느 것에도 묶이지 않는 착 없는 마음으로 훌훌 떠났다가 다시 오시기를 기원합니다.

인연의 진리

　세상일에 그 어느 일도 인연 없이 일어나지 않습니다. 지난날의 업과 내 마음의 작용입니다. 교도님들이 원불교와 인연이 된 것도 알고 보면 다 전생으로부터 이어져 온 것입니다. 제가 오늘 이 자리에 온 것도 돈암교당과 인연이 있고, 여러분과 인연이 있고, 종재에 이른 ○○○님과 인연이 있어서입니다. 인연의 속성대로 이끌려온 것입니다.

　인연이란 불공하기 나름입니다. 잘 불공하면 좋아지고 잘못 불공하면 나빠집니다. 나에게 다가오는 인연은 좋은 인연으로만 오지 않습니다. 감당하기 어려운 인연도 있습니다. 그런데 감당할 수 없는 인연도 내가 잘 불공하면 좋은 인연으로 변하는 것이 진리입니다. 분명한 것은 한 번 만난 인연은 다시 만나게 된다는 것이며, 다시 만날 때에는 지난날에 지은 그대로 업을 되돌려 받는다는 것입니다. 그 어느 것도 예외가 없습니다. 설사 진리를 깨달은 부처님이라 할지라도 예외가 없습니다. 하물며 능력 없는 중생은 말할 여지도 없는 일입니다.

석가모니불께서 80세에 열반하셨는데, 열반 2년 전에 당신의 종족인 석가족이 처참하게 멸망하는 것을 지켜봐야 했습니다.

《화엄경》 보현행원품에는 코살라국의 비유리왕이 석가모니불이 탄생하신 카필라국을 침략하여 석가족을 멸망시키는 역사가 기록되어 있습니다. 카필라국을 침략한 비유리왕에게 카필라국은 어머니의 친정이자 자신의 외가外家였습니다

석가모니불께서 비유리왕이 카필라성을 공격할 것을 지혜로 알고, 비유리왕이 진군해 오는 땡볕 길목에 서 있었습니다. 이를 본 비유리왕이 군사를 되돌렸습니다. 이런 일이 세 번이나 반복되었습니다. 세 번째 땡볕에서 돌아온 부처님의 얼굴과 몸에서는 광채가 사라지고, 옷의 빛깔이 변해 있었습니다. 이를 본 아난이 부처님께 여쭈었습니다.

"부처님을 모신 지 여러 해가 되지만, 지금과 같은 변화를 일찍이 보지 못했습니다."

부처님께서 말씀하셨습니다.

"지금부터 7일 뒤 석가족이 멸망할 것이기 때문이다."

이 말씀을 들은 제자 목련과 아난 등이 석가족을 구하기 위해 신통력으로 비유리왕의 진군을 막으려 하였습니다. 그러자 부처

님께서 만류하며 목련에게 말씀하셨습니다.

"설사 하늘을 땅으로 만들고 다시 땅을 뒤집어 하늘로 만들 수 있다고 해도, 과거생에 꽁꽁 묶인 인연이야 어찌 없앨 수 있겠느냐?"

한번 맺어진 인연은 업이 다하기 전에는 어떤 능력으로도 멈추게 할 수 없는 것이 인연의 진리입니다. 그래서 인연이 상극이 되지 않게 불공해야 하고, 원망하지 않고 오히려 참회하며 인욕으로 넘겨야 합니다.

비유리왕은 부처님께서 더는 자신의 진군을 막지 않자, 카필라국으로 침략하여 성난 코끼리를 풀어 석가족을 밟아 죽이게 했습니다. 《화엄경》에 이때 석가족이 죽어 흘린 피가 냇물이 되어 흘렀다고 기록하고 있습니다.

여자 5백 명이 포로로 끌려가는 도중, 니그로다 숲에 이르렀을 때였습니다. 비유리왕이 석가족 처녀 중 한 사람을 욕보이려 했습니다. 처녀는 비유리왕이 석가족의 노비였던 한 여자의 소생이었던 사실을 생각하며 말했습니다.

"내 어찌 노비의 소생과 놀아날 수 있겠느냐?"

처녀가 비유리왕에게 모욕적인 언사를 퍼부으며 완강히 거부하자, 비유리왕이 화가 머리끝까지 치밀어 올라, 포로로 데리고 가던 처녀 5백 명 모두의 손과 발을 잘라 죽이게 했습니다. 이렇게 카필라국의 석가족이 처참한 죽임을 당하게 된 것은 현실적으로 비유리왕이 왕자로 외가인 카필라국에 왔을 때가 시작이었습니다. 카필라국 시녀들이 비유리 왕자가 자주 말썽을 부려 뒤치다꺼리가 힘들어지자 말했습니다.

"하녀의 아들이라 피를 속일 수 없네."

카필라국은 코살라국의 왕이 카필라국의 석가족 여인을 아내로 삼으려 하자, 하녀를 석가족이라 하여 왕비로 보냈고, 그 아들이 비유리 왕자였던 것입니다. 비유리 왕자가 시녀들의 말을 통해 일의 진실을 알아 앙심을 품고 자기 나라로 돌아갔습니다. 그리고 세월이 흘러 아버지를 몰아내고 왕이 되어 카필라국을 침략했던 것입니다.

부처님과 제자들이 카필라성에 이르러 보니 그 참혹함이 이루 다 말할 수 없었고, 부처님께서 여기저기 버려진 시체들을 덮어주고 죽은 석가족 여인들에게 설법했습니다.

"만난 것은 반드시 헤어진다. 일체의 모든 존재는 영원하지 못하다."

부처님께서 설법 후 제자들에게 말씀하셨습니다.

"앞으로 7일 안에 비유리왕과 그를 따른 군사들이 현세에서 과보를 받을 것이다."

비유리왕은 자신과 부하들이 7일 안에 과보를 받고 죽게 될 것이라는 소리를 전해 듣고는 걱정이 되었습니다. 그는 온 나라에 경비를 철저히 하라고 경계령을 내렸습니다. 비유리왕은 부처님께서 결코 빈말하지 않는다는 것을 알고 있었기 때문에, 근심과 걱정으로 하루하루를 보냈습니다. 그런데 아무 일 없이 6일이 지나자, 석가족을 정벌하라고 계속 충동질하였던 호고가 비유리왕에게 말했습니다.

"왕이여, 두려워하실 것 없습니다. 벌써 엿새가 지났어도 아무 일도 없었으니, 오늘은 기분을 달래기 위하여 아찌라와띠강으로 가서 놀이나 하시지요."

비유리왕이 호고의 말대로 강가로 가서 낮 동안을 보내도 아무 일이 없게 되자, 그날 밤 강가에서 야영을 했습니다. 그러나 한밤중에 갑자기 폭풍이 불어 닥치고 폭우가 쏟아져, 비유리왕과 군사들 대부분이 물에 빠져 죽었습니다. 그리고 성안의 궁전에 벼락이 내려 불에 탔습니다.

석가모니불께서 그들의 죽음을 보고 말씀하셨습니다.

"그들의 악행이 심하였다. 그것은 말과 행동의 과보이다. 그 과보로 내생에서도 수명이 짧으리라."

부처님께서 제자들에게 당신이 이런 아픔을 겪는 원인에 대해 말씀하셨습니다.

"전생에 석가족이 많은 살생을 할 때 자신은 8살 어린아이였다. 생명들이 죽어 가는 것을 보고 재미있어 하였기 때문에, 지금 석가족의 비참한 죽음을 보며 큰 괴로움을 받는 것이다."

　우리가 원불교를 만나 인과와 인연의 진리를 공부할 수 있는 것은 천만다행한 일입니다. 원불교를 만났을 때 마음공부 잘해서 이생을 행복하게 만들고 영생의 문제를 해결해야 할 것입니다.
　무엇이든 방치하면 잘돼야 본전이고 세월이 흐르면 못 쓰게 됩니다. 아무리 좋은 물건도 창고에 방치하면 먼지가 쌓이고 세월이 흘러 세월과 맞지 않으면 못 쓰게 됩니다. 그러므로 자신을 방치하지 말고 부지런히 범부 중생의 탈을 벗으려는 노력을 계속해서 부처로 변신해야 합니다.

　원불교가 전하고자 하는 것은 모두가 부처 되어 중생을 건지자는 것입니다.
　부처는 어떤 사람일까요? 사람들은 살면서 참기 어려운 일을 참아내고, 욕심이 없는 사람을 일러 '부처님 가운데 토막 같은 사람'이라고 말합니다.
　부처님 가운데 토막은 무엇일까요? 바로 '마음'입니다.
　부처는 이름이나 집안이나 몸이 부처가 아니라, 인연의 진리를 알아 지혜롭게 마음을 쓰는 사람입니다. 부처는 마음이 한량없이 넓은 사람입니다. 그 한량없는 넓은 마음으로 만나는 인연 모두에게 상생의 마음을 씁니다. 어떤 경우에도 흔들림이 없이 마음을 씁니다. 우리도 마음을 넓게 만들어 넓은 마음을 가진 부처가 되고, 부처의 마음을 쓰고 살아야 합니다. 왜냐하면 인과와 인연의 진리가 있기 때문입니다.

어떻게 하면 부처가 되어 부처로 살 수 있을까요? 앞에서 말씀드린 대로 마음을 잘 쓰는 법을 알아 마음을 잘 쓰면 됩니다. 확실한 것은 사람으로서 마땅히 행해야 하는 것을 행하면 됩니다. 인도상 요법을 잘 배워 그대로 실천하면 그가 바로 부처이고 마음을 잘 쓰는 것이 됩니다.

《원불교 교전》은 인도상 요법을 밝힌 경전입니다. 경전을 손에서 놓지 말고 부지런히 봉독하고 깨닫고 실천하면, 부처도 되고 마음도 잘 쓰는 사람이 될 것입니다.

생사 법문 세 가지

열반하신 ○○○ 영가의 부친은 옥천사의 신도회장을 지내며 남다른 수행을 하셨던 분입니다. 오늘 종재를 받으시는 ○○○ 영가는 틈만 나면 부처님께 불공을 하고, 말년에 스님인 둘째 사위가 몸담고 있는 극락사에서 내생 준비 공부를 하셨습니다. 또 차남은 원불교 원무라는 재가 교역자로 종사하고 있을 뿐만 아니라 부산교구와 경남교구의 교도들이 존경하는 법력을 갖춘 분이니, ○○○ 영가께서는 불연이 깊은 분입니다. 서원이 깊고, 불연 깊은 혈연들이 지성으로 천도 발원을 한 만큼 인도환생하시는 일이 어렵지 않을 것이란 생각을 합니다. 인도환생하는 일은 만 생령의 바람입니다.

부처님께서는 오는 자가 가는 자이고 가는 자가 오는 자라고 하셨습니다. 또 가고 오는 자리가 따로 있는 것이 아니고 가고 오는 곳이 같은 곳임을 말씀하셨습니다. 생사가 둘이 아니고, 생사는 변하는 것이고 거래하는 것이라 하셨습니다.

간절히 원하옵건대 ○○○ 영가께서는 부처님의 이 법문을 다시 한번 마음에 새기어 편안한 마음으로 가고 오시기를 기원합니다.

이생에 모든 착심을 미련 없이 버리고 한 생각 청정히 하시어, 사람 몸으로 이생에 다시 와 부처되시기를 기원합니다.

조전권[曺專權. 1909~1976. 空陀圓] 교무는 암 선고를 받고 10여 년을 더 살다가 입적하였습니다.

중앙훈련원이 개원되고 처음으로 일반교도의 훈련이 있을 때 매일 훈련에 참석하여 법열을 누리던 어느 날, 전이창[全二昌. 1925~ . 睿陀圓] 교무에게 말하셨습니다.

"내가 내 입으로 설교를 하여 많은 사람이 법열에 찼고, 생사해탈을 했다. 그러나 내가 암이라는 선고를 받고 보니 마음이 흔들리더라. 수없이 해탈을 설했고 다른 사람을 해탈시켰지만 정작 나의 생사해탈을 해결하지 못했었다. 그런데 몇 년간 암과 씨름하면서 생사연마를 하니 이제는 생사에 걸림이 없다."

이렇게 술회한 조전권 교무가 입적할 때에 편안히 떠났습니다.

생사의 일은 다반사이지만 생사를 맞이하여 이를 편안히 받아들임은 물론 자유롭게 내왕하는 것은 결코 쉬운 일이 아닙니다. 큰 노력이 따라야 합니다.

이와 같은 생사를 맞이한 ○○○ 영가께 부처님의 법문을 소개하여 다음 생을 열어 가시는 데 도움을 드리고, 이 자리에 함께한 우리도 생사에 관한 생각을 고쳐서 생사를 준비하는 삶을 살아갈 것을 서원했으면 합니다.

대산[大山-金大擧. 1914~1998] 종사께서 열반의 길에 필요한 것으로 세 가지를 말씀하셨습니다.

첫째, 대 서원大誓願입니다.

큰 서원을 가지라는 것입니다. 세상 이치는 원하는 대로 가게 되어 있습니다. 문제는 그 원을 지속해서 가지느냐 그렇지 않느냐 라는 것입니다.

대산 종사께서 서원 가운데 가장 큰 서원은 부처를 이루어 모든 중생과 생령들을 제도하고 이 세상을 낙원으로 만들겠다는 서원이라 하셨습니다. 서원이 큰 사람은 칠흑 같이 어두운 중음에 머물러 있을 때 서원이 빛으로 작용하여 길을 안내하기 때문에, 그 빛만 따르면 바로 인도환생하는 위력을 얻게 되는 것입니다. 그래서 살아 있을 때 서원을 굳히는 삶을 살아야 하고, 이생을 떠나면서도 그 무엇보다 서원을 굳게 세우고 가야 합니다.

둘째, 대 신심大信心입니다.

큰 신심을 가지라는 것입니다. 신심은 그냥 신심이 아닌 큰 신심입니다. 큰 신심은 영겁을 통해 물러나지 않고 변하지 않는 신심을 말합니다.

영겁은 무엇일까요?

겁劫은 한없는 세월입니다. 한없는 세월에 변하지 않는 그 마음이 나를 건져내는 것입니다. 한없는 세월에 그 법과 스승을 여의지 않으면 다른 길로 빠질 일이 없는 것입니다.

17세기 스코틀랜드에서 대승정代僧正을 지냈던 파토릭크 스쿠우갈에게 어느 날 마을의 노파가 달려왔습니다. 그녀는 소가 병으로 죽게 되었으니 와서 봐 달라고 청했습니다. 스쿠우갈이 자신은 수의사가 아니라서 안 된다고 거절을 했지만, 노파가 마구 졸라대므로 할 수 없이 노파를 따라갔습니다.

대승정이 누워 있는 소의 주위를 빙빙 돌면서 말했습니다.

"소가 살아나면 소는 산다. 소가 죽으면 소는 죽는다. 나는 어찌해 볼 도리가 없다."

이런 일이 있고 난 뒤 소가 다행히도 병이 나아 자리에서 일어났습니다. 그런데 얼마 후 이번에는 대승정이 목이 부어 병원에 입원하였습니다. 그러자 소식을 들은 노파가 대승정을 찾아와 승정이 누워 있는 주위를 빙빙 돌며 외쳐대는 것이었습니다.

"승정께서 사시면 승정은 사신다. 승정께서 돌아가시면 승정은 돌아가신다. 나는 어찌해 볼 도리가 없다."

노파는 소가 이 말 때문에 나았다고 믿었기 때문에 그렇게 주송처럼 외웠던 것입니다. 대승정이 이 기묘한 광경이 우스워 큰 소리로 웃었습니다. 그 순간 목의 염증이 터져 병이 낫게 되었다고 합니다.

믿음이 맹목적일 때에는 문제가 있지만, 믿으려면 온통 믿어야 진리의 위력이 나타나는 것입니다. ○○○ 영가께서는 소태산 대종사와 석가모니불의 법문을 진실로 믿어 스스로 천도의 길에 드셨으면 좋겠습니다.

셋째, 대 참회大懺悔입니다.

참회하는 마음을 놓지 말라는 것입니다. 살다 보면 얽히고 묶여 있는 업의 덩어리가 생기게 됩니다. 얽히고 묶인 것은 풀어내야 합니다. 푸는 방법, 이는 참회와 반성입니다. 살 때 한 생각 조촐하고 고요한 본래의 마음으로 살 것이며, 떠날 때에도 업을 풀고 조촐한 마음으로 떠나라는 것입니다.

《선관책진禪關策進》이라는 책에 소를 잡는 백정으로 한생을 살았던 장선화라는 사람이 나옵니다.

장선화가 임종에 이르러 소리를 고래고래 질렀습니다.

"소떼가 몰려와서 내 목숨을 내놓으라고 덤비니, 빨리 스님을 모셔다가 내가 참회할 수 있게 해 달라!"

가족들이 바로 스님을 모시고 왔습니다.

스님이 말했습니다.

"《관무량수경》에 말씀하시기를, 임종 시에 악상이 나타나거든 지심으로 염불하면 즉시 왕생한다 하였으니, 어서 염불하라!"

선화가 말했습니다.

"지금 지옥이 눈앞에 닥쳤으니 향로를 차릴 겨를이 없다."

선화가 오른손에 촛불을 받들어 들고 왼손에 향을 잡고 서쪽을 향하여 지성으로 염불하더니, 십성도 차기 전에 말했습니다.

"아! 부처님이 나를 맞으러 오시는구나."

선화가 평화로운 얼굴로 명을 거두었습니다.

참회는 옛 생활을 버리고 새 생활을 개척하는 초보라고 했습니다. 영가께서는 이생을 살아오면서 쌓았던 선악의 모든 업을 참회하는 것으로 다음 생을 맞으시기를 기원합니다.

생사는 둘이 아닙니다. 가면 오고 오면 가는 일입니다. 이 이치를 오늘 종재를 맞은 ○○○ 영가께서 굳게 믿으시고, 영생을 살아가는데 대산 종사의 생사 법문 세 가지로 당신의 영생을 가꾸어 가시기를 기원합니다. 그리고 자녀들은 인연의 끈이 한없는 세월로 이어짐을 더 깊이 생각하여 살아 있는 동안 어머니로부터 입은 은혜에 늘 보은하되, 행하고 행해도 부족하다는 마음으로 보은할 것을 당부드립니다. 특히 조석으로 천도를 발원하는 것으로 보은을 삼아주시기 바랍니다.

3부
만나면 반드시 헤어지고
태어나면 반드시 죽는다

會者定離
生者必滅

기독교인 열반자를 위한 천도

    이 자리에 함께한 우리는 일생 최선을 다해 아름답게 살다 떠나신 ○○○님과 이별의 의식을 갖고 있습니다.
    ○○○님이 사신 93년이란 세월은 결코 짧지 않습니다. 헤아리기 어려운 일들을 겪었고 이를 헤쳐간 세월입니다. 그러므로 아름답게 사는 일이 결코 쉽지 않습니다. 더욱이 ○○○님은 어려운 시절에 어려운 환경에서 태어났지만, 격변하는 사회 속에서도 당신의 몸과 마음가짐을 잘 건사하시고, 혈육인 1남 4녀도 희생적으로 키워 사회의 역군이 되게 하셨습니다. 어머니라면 다 하는 일이라고 생각할 수도 있지만 그렇지 않습니다.

    ○○○님의 한생, 살아오느라 많이 애쓰셨습니다. 진리의 세계는 공정해서 잘한 것과 잘못한 것을 분명히 가려 그에 상응하게 되돌려 드릴 것이니, 아쉬움은 다 접고 편히 떠나셔야 합니다. 잘했든 못했든 죽으면 끝나는 것이 아닙니다. 어떤 형태로든 다시

태어나 이생에서 살았던 결과를 맞이하게 합니다. 그래서 잘 살면 잘 죽을 수 있고, 잘 죽으면 잘 낳아서 잘 살게 되는 기본적인 흐름을 갖게 됩니다. 대다수의 사람은 이런 이치를 모르기 때문에 선악을 가리지 않고 현실의 자기 이익을 좇아 살아 가는 일이 많습니다. 그러나 깨달음이 있는 사람은 다른 생명체에 해를 입히지 않으려 안간힘을 기울일 뿐만 아니라, 서로가 잘 될 수 있는 길을 찾아 살아갑니다. 이생만 살고 끝나는 것이 아님을 알기 때문입니다.

법명이 휴정[休靜. 1520~1604]인 서산西山 대사가 묘향산 원적암圓寂庵에서 85세의 나이로 목욕재계하고 부처님 전에 향을 사른 다음 법상에 올라 마지막 설법을 했습니다. 그리고 제자에게 붓을 가져오게 하여 자신의 모습을 그린 영정影幀에 시 한 수를 썼습니다.
"팔십년전거시아 팔십년후아시거八十年前渠是我 八十年後我是渠."
80년 전에는 저것이 나이더니 80년 뒤에는 내가 저것이라는 뜻입니다. 그리고 제자 사명당 유정[泗溟堂 惟政. 1544~1610]과 처영[處英. ?~?. 雷默]에게 글을 남기고 가부좌를 한 채 입적하였습니다.

생사의 이치를 아는 사람은 생사를 이렇게 자연스럽게 받아들이고 오고 가는 것에 묶이는 법이 없습니다. 가면 와야 한다는 것을 알기 때문에 생에 대한 깊은 미련을 갖지 않습니다. 다만 살 때 최선을 다해 삽니다. 서산 대사도 살아 있을 때에 임진왜란이 일어나자 당신의 문도 1,500명을 의승으로 나서게 하고 의승군을 통솔하여 평양을 탈환하는 데 기여합니다.

생사라는 것이 이러므로 살 때 잘 살아야 하고 죽을 때 잘 죽어야 합니다.

그렇다면 어떻게 살아야 잘 살았다고 할까요?

청정한 마음을 배양하고 활용하며 살아야 합니다.
이는 욕심을 부리지 말고 살라는 것입니다. 욕심은 끝이 없는 것이고, 예의와 염치도 불고하는 것이고, 자신의 영혼을 더 어둡게 하여 죽음에 이르렀을 때에는 그 방향을 잡지 못하게 합니다.

상생의 마음을 배양하고 활용하며 살아야 합니다.
이는 만나는 인연 모두가 나를 향해 등을 보이게 하지 말라는 것입니다. 즉 원수를 만들지 말고, 나에게 섭섭한 사람이 없게 하고, 나를 싫어하는 사람이 없게 하는 것을 말하는 것입니다.

공변된 마음을 배양하고 활용하며 살아야 합니다.
이는 타인에게 많이 베풀고 공익에 우선을 두고 바르게 살라는 것입니다.

오늘 종재를 맞이한 ○○○님이 잘 사셨는지 그렇지 않았는지는 가까운 사람들이 더 잘 압니다. 잘 살았으면 잘 가게 됩니다. 그리고 잘 태어납니다. 그런데 갈 때에 마음을 다시 한번 챙기면 더 잘 갈 수 있기 때문에 잘 가는 것이 무엇인지에 대해 부처님의 말씀을 인거해 소개합니다.

어떻게 죽음을 맞이하고 가는 것이 잘 죽는 것이며 가는 것인지. 사람이 사는 것을 들여다보면 한 생각에서 출발합니다. 생각이 행동을 만들어내고, 행동이 습관이 되고, 습관이 업력이 됩니다. 그리하여 업력이 되면 자기 뜻처럼 움직이지 못하고 업력에 밀려 살게 됩니다. 그래서 한 생각이 소중합니다. 죽어갈 때에도 마찬가지입니다.

죽어갈 때에 한 생각을 청정히 해야 합니다.

청정한 마음이 있어야 칠흑 같이 어두운 죽음의 길에서 빛을 받아 안내를 받게 될 것이고, 청정한 마음이 다음 생의 첫 마음이 되어 다음 생을 열어가는 기본이 되므로 그 마음을 챙기라는 것입니다. 어떤 욕심도 모두 놓아야 청정해집니다. 이생에 못다 한 미련도 놓아야 청정해집니다. 미움도 사랑도 다 놓아야 청정해집니다. 만약 이런 것들에 묶인다면 그 순간 어둠 속으로 빠져들어 방향을 잡지 못해 괴롭고, 묶여 끌려다니다가 몸을 받아 다음 생을 맞이 살게 되는 것입니다.

잘 죽고 가는 길 또 하나는 원을 크게 세우라는 것입니다.

　소원 가운데 가장 큰 소원은 우주 자연의 진리를 깨달아 세상의 모든 사람을 행복하게 살게 하는데 내 모든 것을 바치겠다는 소원입니다.

　○○○님이 말년에 하나님을 믿고 평안한 삶을 살았다고 하셨으니, 예수님을 생각하면 됩니다. 예수님이 당신의 죽음을 모든 사람의 죄를 대신함이라 했고, 원수도 사랑하라는 사랑의 정신을 세상에 전했습니다. 이런 성자가 되겠다는 소원이 인류가 갖는 소원 가운데 가장 큰 소원이고, 이런 소원을 가지면 내세를 열어 가는 데 큰 힘이 됩니다.

　생사가 본래 없으나 끊임없이 왔다 가고 갔다가 옵니다. ○○○님이 이생을 마치고 내생을 향해 출발한 만큼 불교의 윤회사상에서 말하는 사람의 몸을 잘 받아오거나, 기독교에서 말하는 천국에 태어나시기를 간절히 기원합니다.

마음을 잘 쓰자

어느 날 한암[漢岩-重遠. 1876~1951] 스님이 운수 행각 차 시자와 함께 강화도로 갔는데, 해가 질 무렵 갑자기 비가 억수같이 쏟아졌습니다. 비를 피하여 가까운 집으로 들어갔는데, 그곳이 바로 주막이었습니다. 한참을 기다려도 비가 그칠 기미를 보이지 않았고 날은 더 어두워졌습니다. 시자가 비 맞은 몸으로 더는 그대로 있을 수 없다는 생각에 주막 여인에게 말했습니다.

"아주머니, 비가 억수같이 쏟아져 더 갈 수가 없으니 하룻밤을 자고 갈 수 있게 하여 주십시오."

여인이 젊은 스님의 말을 듣고 놀라는 표정을 지으며 대답했습니다.

"저는 혼자 사는 여자입니다. 그런데 두 스님을 이곳에서 주무시게 하면 남들 눈에 어떻게 보이겠습니까? 대신 주무실 만한 곳, 한 곳을 알려 드리겠습니다."

여인이 주막에서 멀리 떨어져 있는 미을의 한 구두쇠 부잣집을 소개했습니다. 그리고 한 가지를 요구했습니다.

"스님, 제 관상을 한 번 보아 주시죠."

시자는 한암 스님이 관상이나 보는 분이 아니라고 말하고, 여인에게 고맙다며 주막 여인이 소개한 집을 찾아 하룻밤을 자고, 날이 밝자 다시 운수 행각의 길을 떠나게 되었습니다. 그런데 한암 스님이 오던 길로 다시 방향을 잡았습니다. 시자가 그 연유를 물었습니다.

"스님, 왜 오던 길로 다시 가시는 것이옵니까?"

"주막의 여인에게 가는 길이니라."

"주막의 여인에게는 무슨 일이 있으신지요?"

"여인이 관상을 보아 달라고 하지 않더냐?"

한암 스님은 여인의 일방적인 이야기를 흘려듣지 않았고, 참된 진리를 가르쳐 주고자 주막에 이르러 여인에게 관상을 보아주겠다고 했습니다. 그러자 여인이 말했습니다.

"하오시면 잠시만 기다려 주십시오. 잠시 얼굴을 씻고 화장을 하고 나오겠습니다."

한암 스님이 여인을 향해 말했습니다.

"화장을 하고 나오면 상이 삼천리나 멀리 달아나니 그대로 있으시오."

여인이 한암 스님의 말을 따라 행동을 멈추었고, 한암 스님이 여인에게 질문을 시작했습니다.

"손과 발, 이 둘 가운데 어느 것이 더 예뻐야 하겠소?"

"그야 물론 손이 더 예뻐야 하지요."

"그러면 손과 얼굴 둘 가운데는 어느 것이 더 예뻐야 하겠습니까?"

"그도 말할 것 없이 얼굴이 예뻐야 하지요."

"그러면 얼굴만 예쁘고 마음이 예쁘지 못한 것과 설사 얼굴은 그렇다 해도 마음이 예쁜 것 가운데 어느 쪽이어야 하겠소?"

"그야 물론 얼굴만 예쁘고 마음이 못되면 안 될 일이지요."

"그렇소. 족상이 불여수상이요 수상이 불여관상이며 관상이 불여심상인 것입니다.[足相 不如手相 手相 不如觀相 觀相 不如心相] 그러니 마음을 잘 쓰도록 하시오. 그러면 복을 받고 앞길이 환하게 열릴 것이오."

한암 스님은 여인에게 마음을 잘 쓰도록 이야기하고 시자와 함께 가고자 하는 길로 향했습니다.

사람이 살아가면서 분명한 것이 두 가지가 있습니다. 하나는 만나야 사는 것이고 또 하나는 마음을 사용해야 하는 일입니다. 안 만나고 살 수 없고, 마음을 쓰지 않고 살 수 없습니다. 그래서 만나서 마음을 어떻게 쓰느냐에 따라 관계[일]가 좋아지거나 나빠져 인생의 행복과 불행이 있게 됩니다. 이는 이생만이 아니라 다음 생까지 이어져 결국 마음을 어떻게 사용하느냐가 우리들 삶의 핵심이 되는 것입니다.

　모든 생명은 태어나면 죽습니다. 그런데 한 번 태어나 죽으면 끝나는 것이 아니라 모습만 바꾸면서 영생을 삽니다. 나무에 비유하면, 육신이 눈에 보이는 나뭇잎이나 가지나 줄기라면 마음 즉 영혼은 뿌리와 같아서, 잎이 떨어지면 나무가 죽는 것 같으나 새봄이 오면 다시 잎이 나오고 가지나 줄기를 잘라내면 죽는 것 같으나 새봄이 오면 다시 줄기와 가지와 잎이 피어나듯이, 우리의 마음은 영원으로 이어져 살게 됩니다. 그러므로 가장 어리석고 위험한 생각이 이생에서 모든 것이 끝난다는 생각과 그런 생각으로 사는 것입니다.

　마음을 잘 써야 한다는 것은 바로 오늘만 살고 끝나는 것이 아니기 때문입니다. 또 오늘만 살고 마는 것이 아니기 때문에 천도재도 지내는 것입니다. 그래서 천도재의 핵심이 이생을 잘 정리하고 내생을 잘 열어가는 것임을 당부하고 일깨워주는 것입니다.
　세상에는 세 가지 어려운 일이 있다고 했습니다. 그 하나는 사람의 몸을 받는 일이고, 둘은 온전한 몸을 받는 일이고, 셋은 불법을 만나 영원한 진리를 깨닫는 일이라 했습니다. 그래서 천도의 중요한 내용도 다섯 가지로 정리됩니다. 즉 불연을 맺어줌이고, 믿음을 세우게 함이고, 깨달음을 갖게 하는 것이고, 공덕을 쌓게

함이고, 일심을 청정히 해야 함입니다.

　영생과 인과의 진리는 누구에게는 적용되고 누구에게는 적용되지 않는 것이 아니라, 모두에게 조금도 기울어짐이 없이 적용되는 것인 만큼 살아서는 영생과 인과의 진리에 맞게 살아야 하고, 태어나면 영생과 인과의 진리를 잘 믿고 깨달아 그렇게 살겠다는 서원이 있어야 천도의 길을 잘 걸을 수 있다는 말씀을 드립니다.
　○○○ 영가시여! 성불제중의 서원을 세우고 착 없이 갔다가 오시기 바랍니다.

인연과 생사 법문

　부처님께서는 세상에 세 가지 어려운 일이 있으니, 사람의 몸을 받는 일과 온전한 몸을 받는 일과 불법을 만나는 일이라 말씀하셨습니다.
　오늘 ○○○ 영가의 종재를 맞이해 ○○○님의 일생을 부처님의 말씀에 비유해보니, 세 가지 어려움을 넘어서 불법공부까지 잘하여 당신의 인생을 참 잘 가꾸고 가셨다는 생각이 듭니다. 내세에도 금생처럼 인생의 세 가지 어려움을 넘는 것은 물론 불법공부를 더 깊이 할 수 있는 인연이 되어 오실 것을 기원합니다. 그리고 이생에 불법 듣기를 좋아하여 원불교 교도들의 꿈으로 여기는 정사의 위에 오르셨으니, 살아계실 때 많이 들으셨던 법문을 전하여 가시는 길을 밝혀드릴까 합니다.

　○○○ 영가께서 생존해 계실 때 많이 들은 법문은 인과와 인연, 그리고 생사에 대한 법문이었을 것입니다. 왜냐하면 불교나 원불

교 교법의 핵심 내용을 한 언어로 표현하면 인과 또는 인연이라는 말로 대변되기 때문입니다. 또, 생사의 문제는 어느 생명이든 반복하는 일입니다. 그래서 인연과 생사의 법문으로 ○○○님이 가시는 내세의 길을 밝히는 데 도움이 될 것입니다.

먼저 인연 이야기입니다.

소태산 대종사님께서 대각하신 이듬해인 원기2년(1917) 어느 날이었습니다. 제자 김광선[金光旋. 1879~1939. 八山. 구인 제자]과 함께 영광읍으로 장 구경을 하러 가시는데, 잠시 길가 주막에 들러 쉬시면서 주인에게 물었습니다.

"이 집에는 안주인이 없소?"

주인이 대답했습니다.

"젊었을 때 이후로 여자만 얻으면 몇 달도 못 살고 나가 버리기 때문에 이렇게 혼자 몸으로 곤궁히 지냅니다."

소태산 대종사께서 주인의 대답을 듣고 웃으며 말씀하셨습니다.

"내가 좋은 여자 하나를 골라 줄 터이니 살아 보시겠소?"

그 주인이 반가이 대답했습니다.

"그렇게 하여 주시면 천만번 감사할 일이지요."

소태산 대종사께서 그 집에서 한참 동안 쉬어 앉아 계시니, 장에 가는 수많은 남녀가 그 집에 들러 잠시 쉬어 가는 것을 보시다가 한 여자를 불러 말씀하셨습니다.

"부인은 바깥주인이 있습니까?"

"생이별하고 혼자 지냅니다."

"이 집 주인하고 같이 살면 어떻겠소?"

그 여자가 처음에는 대경실색하고 거절하더니, 나중에 그 남자 주인을 대면하고 나서는 살아볼 뜻을 보였습니다. 이에 소태산 대종사께서 그 남녀를 한자리에 불러 앉히시고 말씀하셨습니다.

"내가 두 분에게 옛이야기를 하나 하여 줄 터이니 들어 보시오. 옛날 깊은 산속에서 꿩 한 쌍이 원앙처럼 살다가 죽었는데, 그 후로 두 꿩은 차차 좋은 몸을 받아 마침내 둘 다 사람 몸을 받게 되었소. 그러나 둘은 다 서로 좋은 인연을 만나지 못하고 반평생을 자녀 없이 이곳저곳으로 떠돌아다니면서 갖은 고생을 다 하였소. 그러다가 우연히 전생 인연을 만나 부부가 되어 재미있게 살았다오."

두 사람이 소태산 대종사께서 들려준 옛이야기를 듣고 마치 부모상을 당한 것처럼 함께 흐느껴 울었습니다. 이를 본 소태산 대종사께서 두 사람을 향해 말씀하셨습니다.

"그러기 때문에 사람이 인연을 잘 지어야 하는 것이오. 이 말을 마음에 잘 새겨 두고 행복하게 사시오."

소태산 대종사께서 말씀을 마치고 영광 장을 보러 가셨고, 영광 장 구경을 끝마치고 영산으로 돌아가시는 길에 제자 김광선에게 말씀하셨습니다.

"그대는 오늘 내가 이야기한 뜻을 알았는가? 그 두 사람이 전생에 꿩 내외라, 자기들 전생 일을 말해 주었더니 그렇게 흐느껴 울더라. 사람의 영생에 인연 작복이 제일 큰일이 되는 것이다."

세상사 인연을 떠나서 존재하는 것은 단 한 가지도 없다고 했습니다. ○○○님께서 새 몸을 받아 다시 태어나 새 삶을 이루실 때 좋은 인연 많이 짓고 가꾸어 화평한 삶을 이루시기를 기원합니다.

또 한 가지는 생사의 이야기입니다.
임제[臨濟. ?~867] 스님의 법제자 관계[灌溪. ?~?] 스님이 임종하던 날 시자와 한가롭게 차를 마시며 말했습니다.
"앉아서 죽는 것도[坐脫] 진기할 것이 없고, 서서 죽는 것[立亡]도 신통치 않고, 거꾸로 서서 죽는 것[倒化]도 그리 썩 감심感心이 안 되니 … 그렇지, 나는 이렇게 가야겠다."
말을 끝낸 관계 스님이 마당으로 나가 잠시 서 있다가 한 발짝, 두 발짝, 셋, 넷, 다섯, 여섯, 일곱 발짝까지 걸음을 떼어놓더니, 걸어가던 그 모양 그대로 그 자리에서 죽었다고 합니다.

불법의 세계에서 죽음이란 삶과 다름이 없는 것입니다. 인연이 다해서 가면 가는 것이고 또 인연이 있으면 오는 것입니다. 이것이 삶이고 죽음일 뿐입니다.

○○○님께서는 생사의 법문을 많이 들으신 만큼 생사에 초연한 모습으로 가고 오셨으면 합니다. 다만 가고 오시는 길에 도움이 될 수 있도록 다시 생사의 길에 꼭 유념하라 하신 소태산 대종사님의 법문을 전합니다.

　한 생을 마무리하고 가면서 유념할 것 하나는 착심을 두지 말고 청정 일념을 가지라는 것입니다.
　소태산 대종사님께서 말씀하셨습니다.
　"사람이 명을 마칠 때 최후 일념이 내생의 제일 종자가 되어서 그대로 움이 트고 나오는 것이다. 그러므로 사람의 일생 복 가운데 최후의 일념을 잘 챙겨서 가는 것이 제일 큰 복이 되는 것이다."

《대종경 선외록》제15장 생사인과장 2.

　왜 최후 일념을 착 없는 청정 일념으로 잘 챙겨가라고 한 것일까요?
　소태산 대종사께서는 이렇게 말씀하셨습니다.
　"사람의 마음이 한번 기울어지면 죽어도 그곳을 떠나지 못하여 삼천 년까지는 옮기지 못한다. 가옥이 변하여 황무지가 되고 마을이 변하여 바다가 되어도 그 영혼은 그 자리에서 몸을 받게 되는 것이다. 그러므로 과거 부처님께서도 착심이 많으면 제도를 못 받는다고 하시었나니, 그대들은 매일매일 자기 마음을 대중하여 애착 탐착으로 흐르는 것을 막아야 할 것이다."

《대종경 선외록》 제15장 생사인과장 4.

　내세를 잘 열어가는 데 유념해야 할 또 하나는 원을 크게 세우는 일이라고 했습니다. 왜 원을 크게 세우고 가라고 하신 것일까요?
　소태산 대종사님께서 말씀하셨습니다.
　"사람이 살아서 단단히 세운 바른 서원 일념은 죽어갈 때 횃불이 되어서 어둡고 삿된 데로 흐르지 못하도록 밝게 비추어 주는 것이다."

《대종경 선외록》 제15장 생사인과장 3.

　다시금 오늘 종재를 맞는 ○○○님, 이생에 많이 들었던 부처님의 법문과 당신이 쌓은 공덕과 오늘 전해드리는 법문에 의지해서 내세를 잘 열어 가 다시 와 성불제중의 대업을 이루시기를 간절히 기원합니다.

사람의 몸을 받는 두 길

　자연의 이치인 인과의 진리는 모든 것에 적용되며, 물샐 틈이 없어 피해갈 수 없는 것입니다. 오늘 ○○○ 교무가 이생에 몸을 낳아준 어머니 ○○○ 영가를 위해 특별천도재를 모시는 것도 인과의 이치에서 비롯되는 것이고, 이 자리에 함께한 우리도 이 인과에 어울려져 있기에 이렇게 모였습니다. 자연의 이런 이치를 감정이 아닌 이성으로 아주 냉정하게 받아들이고, 이에 맞게 살아가려는 마음을 세우고 알아야 영생이 삶다워지는 것입니다.

　특별천도재를 받는 ○○○ 영가 또한 한순간도 인과의 이치를 벗어나 존재할 수 없는 만큼 오늘부터 이생에 딸로 태어난 ○○○ 교무와 인연이 있어 특별히 베푸는 천도재를 큰 복으로 앎과 동시에 빚으로 생각하시고, 성심으로 특별천도재를 받아들임은 물론 천도를 받겠다는 의지를 아주 굳게 세우셔야 할 것입니다.
　돌아보면 ○○○ 영가와 ○○○ 교무는 무한한 세월을 인연으로 이어왔기에 이생에 모녀로 만났습니다. 다만 서로가 마음 아프게 지어 놓은 인연이 있어 이생의 인연이 짧았습니다. 그래서 당신들도 모르게 한이 많을 수 있는 인연으로 매듭을 지었습니다. 다행인 것은 따님이 교무님으로 부처님의 법문에 들어 자연의 이치인 인과의 진리를 배우고 깨달았기에, 오늘의 이 아름다움은 물론 앞으로 7일간의 특별천도재를 통해 매듭을 풀 수 있는 기연을 마련했습니다. ○○○ 영가님은 따님이 정성을 다해 천도를 기원하는 만큼 이 정성을 남김없이 받아들여 감응하시고, 그간 어떤 사연으로든 혹시 한이 남아 있다면 한을 풀고 기필코 사람의 몸을 받는 데 최선을 다해야 할 것입니다.

○○○ 영가께는 이번이 참 좋은 기회입니다. 영생을 살아오면서 맺힌 한을 푸는 좋은 기회이고, 제도를 받을 수 있는 아주 좋은 기회입니다. 사람의 몸을 받지 못하였다면 사람의 몸을 받으실 좋은 기회이고, 선도에 들지 못하였다면 선도에 드실 좋은 기회이고, 불연을 만나지 못하였다면 불연을 만나 깊게 하시는 기회이고, 성불의 길이 열리지 않았다면 성불의 길을 여시는 아주 좋은 기회입니다. 그러므로 사람의 몸을 받기 위해 정신적 힘을 모두 동원하셔야 합니다. 조금이라도 머뭇거려서는 안 됩니다. 그야말로 기회입니다. 기회는 많지 않습니다. 좋은 기회라 말씀드리는 것은 지금이 바로 진급기고, 진급기에 문을 연 정법회상에 한생

출가의 삶을 살기로 한 이생의 인연인 딸 ○○○ 교무가 특별천도를 기원하고 있기 때문입니다.

　사람의 몸을 받아야 바로 자신이 자신을 천도하여 영생을 탄탄히 살아갈 수 있는 길이 열립니다. 사람의 몸을 받아야 사람의 소원 가운데 제일 높고 제일 큰 성불제중의 서원을 이룰 수 있는 길이 열립니다. 사람의 몸을 받아 수행의 삶을 살아야 자신의 몸과 마음을 다스릴 수 있습니다. 그래야 스스로 천도할 수 있고, 성불제중의 서원도 더 키울 수 있습니다. 사람의 몸을 받아 꼭 수행의 길에 드시기를 간곡히 당부합니다.

　사람의 몸을 받는 길은 두 길뿐입니다.
　하나는, 이생은 물론 영생을 살아오면서 얽힌 모든 착심을 놓고 오직 청정 일념을 챙겨야 합니다. 착심이 없어야 마음이 청정해지고, 착심이 없어야 맑은 마음으로 새롭게 부모를 선택해 새로운 세상을 열어갈 수 있습니다. 착심이 없어야 삶을 가볍게 살 수 있습니다. 착심이 없어야 밉고 고운 마음도 사라져 삶이 평안해집니다. 혹 조금의 착심이라도 남아 있다면 남김없이 놓고 버리어 맑은 마음을 갖추시기 바랍니다.

　둘은, 인류의 소원 가운데 제일 높고 제일 큰 성불제중의 서원을 다지고 또 다져야 합니다. 설사 착심이 조금 있더라도 서원이 크면 서원의 인력으로 착심의 영향을 받지 않게 되는 것입니다. 서원에서 부처님의 네 가지 큰 서원인 사홍서원四弘誓願이 사람이 가질 수 있는 아름답고 큰 서원이라 하셨으니, 부처님의 사홍서원을 ○○○ 영가의 서원으로 삼으시기 바랍니다.

부처님의 이 법문으로 목욕하시고, 하루속히 사람의 몸을 받아 불국토에 들어 수도 정진함으로 삼세의 업장을 녹이시고, 청정한 자성을 회복하여 반드시 불과를 성취하여 ○○○ 교무와 영생 동고동락하시기를 기원합니다.

중생무변서원도 衆生無邊誓願度
번뇌무진서원단 煩惱無盡誓願斷
법문무량서원학 法門無量誓願學
불도무상서원성 佛道無上誓願成

가 없는 중생 맹세코 모두 건지겠으며, 끝없는 번뇌 맹세코 모두 끊겠으며, 한없는 법문 맹세코 모두 배우겠으며, 위 없는 불도 맹세코 모두 이루겠다는 서원입니다.

서원을 굳게 세우시고 착 없이 새 몸 받아 다음 생에는 지혜 많이 닦고, 복 많이 짓고, 좋은 인연 많이 맺으시기를 간절히 기원합니다.

부모의 은혜

어느 날 병원 대합실에서의 일입니다. 누가 아파서 왔는지 연년생으로 보이는 올망졸망한 세 아이를 데리고 젊은 엄마가 차례를 기다리고 있었습니다. 막내는 엄마 젖을 빨고, 둘째는 오줌을 싸고, 큰놈은 소리 내어 울어대고 있었습니다. 도무지 정신이 없어 보였습니다. 누구라도 그런 경우를 당한다면 참을 수 없을 것 같은 상황이었습니다. 드디어 젊은 여인의 얼굴이 조금씩 일그러지면서 무슨 일이 터지고야 말 것 같았습니다.

그런데 그순간 여인이 핸드백을 열더니 조그만 종이쪽지를 꺼내 들었습니다. 여인은 그 종이쪽지를 본 후 입가에 미소를 띠면서 금세 얼굴이 밝아졌습니다. 그 종이쪽지가 무엇이었기에 여인의 얼굴을 단번에 바꿔놓았을까요? 하도 신기하고 궁금해서 다가가 그게 뭐냐고 물어보았습니다.

여인이 보여준 것은 어떤 책에서 오려낸 쪽지였습니다. 세계적인 기록만을 뽑아 모은 기네스북에서 오려낸 기사로, 한 여자가 쌍둥이를 16번, 세쌍둥이를 7번, 네쌍둥이를 4번, 도합 69명의 아이를 낳아 세계 최고의 출산 기록을 세웠다는 내용이었습니다.

부모는 자녀를 키울 때 부모가 아니면 참아내기 힘든 일들을 참아내어, 자녀를 키우고, 교육해 인류사회에 내놓습니다. 오늘 우리는 이렇게 살다 가신 또 한 분의 어머니 보살을 보내는 종재를 모시고 있습니다.

부모의 은혜는 천지의 은혜와 격을 같이한다고 했고, 은혜 가운데 가장 기본이 된다고 했고, 은혜 가운데 가장 큰 은혜를 부모의 은혜라 했습니다.

부모의 이런 은혜에 대해 부처님께서 말씀하시기를, 자녀가 부모를 향해 아무리 잘해도 부모님의 은혜를 갚을 수 없다고 하셨습니다. 소태산 대종사님께서 부모가 무자력할 때에는 힘 미치는 대로 마음 편안하게 해 드림과 동시에 육체의 봉양을 해야 한다고 하셨으며, 다른 사람의 부모라도 힘없는 사람을 내 부모같이 보호하라고 하셨으며, 돌아가신 후에는 역사와 영상을 봉안하여 길이 기념하라 하셨고, 자신의 인격을 완성하고 사람 도리를 다하라고 하셨습니다. 중요한 것은 인격을 완성하여 사람 도리를 다하는 것이 영원한 세월에 부모님께 은혜 갚음이 된다는 것입니다.

그럼 어떻게 해야 인격을 완성하여 사람 도리를 다하는 것이 될

까요?

이를 말씀드림으로써 남아 있는 우리들의 마음도 편안하게 하고 종재를 받는 분도 또 누군가의 자녀가 될 것이므로, 이 도를 알아 그렇게 살아가실 것을 당부드립니다.

불타께서 50여 년 설한 법문은 팔만장경으로 대변되며 이 가운데 손꼽히는 경전은 《금강경》이라고 합니다. 《금강경》은 무상의 도리를 설하고 일체생령이 그 세계에 안주할 것을 기원하는 법어입니다. 《금강경》 32장 가운데 5장 끝에는 4구게가 있습니다. 이를 대승불교에서는 《금강경》의 내용을 함축한 것이라고 합니다. 소개하면 다음과 같습니다.

"범소유상이 개시허망이면 약견제상이 비상하면 즉견여래니라 凡所有相 皆是虛妄 若見諸相 非相 卽見如來."

풀이하면, 무릇 형상 있는 바가 다 허망한 것이니 만일 모든 상이 상 아님을 보면 곧 여래를 보리라는 것입니다.

이는 세상 모든 것이 영원한 것이 아니라 모든 것은 끊임없이 변하는 것이라는 말씀입니다. 이것을 알면 열반하고 해탈하며 진정한 부처를 안 것이자 부처의 삶을 살게 된다는 것입니다. 세상사 허망한 것임을 알면 그 사람이 바로 부처로, 허망한 것을 아는 순간 열반하고 해탈하여 대자유를 누리게 된다는 것입니다.

부처님께서 세상 모든 것의 허망한 예를 다섯 가지로 말씀해 주셨습니다. 세상 모든 것이 꿈 같고, 환[허깨비] 같고, 물거품 같고, 그림자 같고, 이슬 같고, 번개 같다고 한 것입니다. 이 말씀의 핵심은 모든 것은 변하지 않는 것이 없으며, 변하는 것은 영원한 진실이 아니라는 것입니다.

그렇다면 끊임없는 변화의 진리에서 영원히 자유롭게 사는 길 즉 윤회에서 벗어나 자유로운 삶을 사는 길, 사람답게 사는 방법은 무엇일까요?

부처님께서는 삼독심을 다스리는 것이라고 하셨습니다. 삼독심에서 자유로워지는 길로 탐욕 없음, 분노 없음, 무지 없음을 갖추는 것이라 하신 것입니다. 삼독심에서 자유롭기 위해 접근할 수 있는 쉬운 방법은 보시입니다. 삶에서 무한히 베푸는 것은 욕심과 분노와 무지를 물리치는 최선의 길이라 할 수 있습니다. 마음을 비우지 않고 베풀기는 어렵습니다. 그래서 무상을 이루는 길로 보시를 말하는 것입니다.

그 좋은 예로 《금강경》의 머리에 나오는 기원정사의 성립 일화가 있습니다. 기타 태자가 땅을 내놓고 수달 장자가 기원정사를 지어줘 그 많은 사람이 부처의 가르침을 받고 깨달음을 이뤘으니, 공덕으로 보면 무한한 공덕일 것입니다. 이렇게 보시를 하되 무상으로 하면 인격이 쑥쑥 자라는 것은 물론 세상을 따뜻하게 하는 것이 됩니다. 그래서 보시는 복이 되어 나도 좋거니와 부모에게도 좋은 일이 되어 효가 되므로, 인격을 이루어 사람 도리를 다하게 됩니다.

열반의 씨

대산[大山-金大擧. 1914~1998] 종사님께서는 이런 법문을 남기셨습니다.

"생래생불생生來生不生 사거사불사死去死不死 불생역불멸不生亦不滅 불멸역불생不滅亦不生." 풀이하면, 나서 옴에 나도 낳은 바가 없었고, 돌아감에 돌아간 바 없었으며, 남이 없는지라 또한 멸함도 없고, 멸함이 없는지라 또한 남이 없다는 뜻입니다.

대산 종사님께서 이 글에 붙여 "오고 감이 없는 그 성품 자리에서 주하며 큰 공부 큰일 하시기로 큰 서원 세우소서."라고 말씀하셨습니다.

백학명[白鶴鳴. 1867~1929] 스님이 있었습니다. 변산 월명암에 주재하며 때로 소태산 대종사를 찾아 봉래정사로 내려와 선문답을 즐기고, 소태산 대종사를 후원하고자 마음을 많이 쓰셨던 분으로 훗날 내장사에서 열반하셨습니다.

학명 스님이 이생을 마감하실 때 말했습니다.
"가네 가네 나는 가네. 오던 길로 나는 가네."

우리의 본래 마음자리에서 보면 이렇게 온 것도 없고 간 것도 없습니다. 따라서 왔다고 기뻐할 것도 없고 갔다고 슬퍼할 것도 없는 일입니다. 그러나 나타난 자리에 슬픔과 기쁨이 함께하므로 오늘 종재를 잘 모시는 것으로 자녀는 효를 다하고, 대중은 정곡을 충분히 풀어야 할 것입니다. 그리고 가는 분도 스스로 일생에 닦은 바 수행의 힘과 그간의 천도 치재에 힘입어 잘 가셔야 합니다.

우리 모두 간절한 마음으로 진리를 깨달은 새 부처님 소태산 대종사님께서 한생을 마치고 가는 사람들에게 당부하신 법문, '입대원력 막착이거立大願力 莫着而去' 하실 것을 ○○○ 영가에게 전합니다.

열반이란 새롭게 시작하는 삶의 씨를 뿌리는 것입니다. 열반을 맞아 새 씨를 뿌리기 좋은 기회가 두 번 있습니다. 한 번은 죽는 그 순간이며, 또 한 번은 종재 때입니다. 죽을 때에는 청정 일념으로 씨를 뿌리고 종재 때에는 서원일념으로 씨를 뿌리면, 새로운 삶이 아름답게 열리는 것입니다.

마지막 순간이 참으로 중요합니다.

송도성[宋道性. 1907~1946. 主山] 종사는 마지막 순간의 중요함을 사진 찍는 것과 같다 하셨습니다. 내내 웃고 있다가 찍는 그 순간 찡그리면 찡그린 사진이 남는 것과 같다는 비유입니다. 최후의 한 생각이 청정해야 함은 바로 앞서 이야기와 같은 이유가 있음을 알아야 합니다. 그리고 올 때 잘 오기 위해 서원해야 할 것, 또 와서 힘써야 할 것이 있습니다.

젊은 교무 한 분이 열반했을 때 대산 종사께서 다음과 같이 법문하셨습니다.

"금생업력전今生業力轉하면, 내생과환생來生果還生이요, 금생전업력今生轉業力이면, 내생과불생來生果不生이로다." 풀이하면, 금생이 업력에 궁굴려 다니면 내생에 과보가 돌아올 것이요, 금생에 업력을 굴리고 다니면 내생에 과보가 길이 쉬어지리라는 뜻입니다.

마음공부는 마음을 청정히 하여 모든 인연과 상극의 인연을 짓지 않음은 물론 상생으로 돌리는 것이고, 나아가 버리지 않고 살려 쓰는 것입니다. 보통 사람은 업력에 끌려 엎치락뒤치락하여 길이 얽혀 고통을 받으나, 공부인은 업력을 굴리므로 내생의 업력이 청정하여지고 불국정토를 건설하게 됩니다.

회자정리 생자필멸

진리는 만유에 평등합니다. 그 어느 것에도 더도 덜도 아니게 대합니다. 원근친소가 없습니다. 그리고 회자정리會者定離하고 생자필멸生者必滅합니다.

○○○ 영가는 30년의 기나긴 세월 투병하시느라 고생이 많았습니다. 진세의 업을 많이 녹였다는 안도의 숨을 쉬었으면 합니다. 고통의 업이 다하면 다음에 올 것은 지은 복을 따라 즐거움이 온다는 것입니다. 다만 무슨 일이든지 관성이 있으므로 긴 고락에는 고락의 여진도 있음을 염두에 두면 그 고통도 수용할 만합니다.

○○○ 영가시여! 이생은 견디기 어려운 삶이었음에도 마음의 중심을 잘 가지려 노력했던 인생이었습니다. 긴 세월 파킨슨병으로 어려움을 겪으면서도 성품을 지키고 끝까지 삶을 수용하셨습니다. 이것은 좋은 성품을 가지고 와 잘 유지하신 일입니다.

32세 젊은 나이에 마을 사람들이 감사의 뜻을 담아 공덕비를 세울 만큼 남 보살피기를 좋아한 남편과 함께한 것은, 영가의 젊은 날이 행복했음을 간접적으로 알 수 있게 합니다. 투병 기간 남편이 아내의 병을 수발한 것은 보기 드문 아내 사랑의 모습이었으니 이런 것이 행복일 것입니다. 그렇지만 30년의 투병 생활은 정말 긴 세월의 고통이었습니다. 그런데 그 투병 생활을 참 슬기롭게 받아들여 업장을 녹이는 삶을 보냈고, 특히 적공한 삶의 자세는 업장을 녹이므로 새로 맞는 생은 좋은 일이 더 많을 것입니다.

시어머니의 연원으로 입교하여 30년 투병 속에서도 떨리는 손으로 일원상 서원문을 쉬지 않고 쓴 일이 적공입니다. 아무나 할 수 있는 일이 아닙니다. 일원상 서원문의 세계에 깊은 이해가 있어 그래도 업을 조금이라도 편히 수용할 수 있었을 것이며, 미래를 어떻게 준비할 것인가도 공부하셨을 것입니다. 이 순간 진리에 대한 믿음을 더 다졌으면 합니다. 분명한 믿음을 가져야 합니다. 가면 반드시 다시 오게 된다는 믿음과 지은 것은 반드시 받게 된다는 믿음이 있어야 합니다.

2년 전에 열반한 박은국[朴恩局. 1923~2017. 香陀圓] 교무가 정산[鼎山-宋奎. 1900~1962. 구인 제자] 종사 열반 후 스승님 밑에서 깨달음을 못 이룬 한 맺힌 슬픔에 잠겨 비몽사몽간 헤맬 때였습니다.

총부 대각전 불단에 둥그러운 빛이 찬란한 가운데 정산 종사와 대산[大山-金大擧. 1914~1998] 종사께서 대법장大法杖을 주고받더니, 행사가 끝나고 정산 종사께서 수많은 인파를 헤치며 나갈 때 말씀하셨습니다.

"앞으로 대산 종사가 큰일을 많이 할 것이다."

박은국 교무가 서둘러 정산 종사의 뒤를 쫓아가다가 법복 자락을 잡으며 물었습니다.

"언제 오십니까?"

정산 종사께서 손을 들어 한 손을 쥐었다가 펴시고 또 한 손을 쥐어 보이며 가셨습니다. 이때 박은국 교무가 정산 종사를 향해 말했습니다.

"제가 내생에 꼭 성불해서 보은하겠습니다."

정신을 차려 빈소에서 독경을 마치고 나와 대산 종사를 찾아 비몽사몽간에 있었던 내용을 말씀드리자, 대산 종사께서 빙그레 웃으며 말씀하셨습니다.

"앞으로 16년 후에 오실 것이다."

가면 오는 것입니다. 한생 살고 마는 인생이 아닙니다. 그러니 이생은 지난 생의 업을 소멸하는 삶을 사셨으니 이젠 돌아와 활발하게 적공하고 보은하는 삶을 살아야겠다는 서원을 잊지 말고 편히 갔다 오시기 바랍니다.

그리고 ○○○ 영가께서 긴 세월 일원상 서원문과 함께 사셨으니 일원상 서원문을 소개하는 것으로 가는 길에 도움이 됐으면 합니다.

진리의 세계는 생사가 따로 없습니다. 일원의 세계는 입정의 세계요, 생사를 초월한 세계임을 마음 바탕에 다시 한 번 새기시기 바랍니다.

영혼이 나아갈 방향은 강급이 아닌 진급의 길을 따르는 것입니다. 진급은 은생어은 해생어은하는 일입니다. 모든 인연을 상생으로 만들면 됩니다. 상생의 인연은 그대로 이어가고, 상극의 인연은 상생으로 돌려놓으면 진급하는 것입니다.

삼대력三大力을 키우면 진급하게 됩니다. 어느 곳에 있든지 심신을 원만하게 수호하여 청정 일념을 양성하고, 심신을 원만하게 아는 공부를 하고, 심신을 원만하게 사용하는 공부를 하시기 바랍니다.

온전한 생각으로 취사하는 삶을 살면 진급합니다. 서원이 크고, 그 서원을 유지하면 진급합니다. 서원 가운데는 성불제중의 서원보다 더 큰 서원이 없습니다. 성불제중의 서원을 놓지 말아야 합니다. 떠날 때에 청정 일념으로 착 없이 가는 것이 본인의 장래를 밝게 열어가는 것이므로 착 없이 가겠다는 서원을 챙기시기 바랍니다.

이 공부 잘하는 법을 간단히 표현하면, 원을 크게 세우고 착 없는 공부를 부지런히 하면 됩니다. 부디 영가께서는 원을 크게 세우고, 착 없는 청정 일념으로 갔다 오시기 바랍니다.

전무출신의 서원

모든 생명에는 삼세三世가 주어졌습니다. 태어나면 살아야 하고, 살았으면 가야 하고, 가면 다시 돌아와야 합니다. 그래서 소태산 대종사님께서는 이렇게 말씀하셨습니다.

"우주의 진리는 원래 생멸이 없이 길이길이 돌고 도는지라, 가는 것이 곧 오는 것이 되고 오는 것이 곧 가는 것이 되며, 주는 사람이 곧 받는 사람이 되고 받는 사람이 곧 주는 사람이 되나니, 이것이 만고에 변함없는 상도常道니라."

저는 이생에서 85년의 삶을 보내신 ○○○ 교도의 생애에 관해 들었습니다. 그 하나가 한국전쟁으로 인해 피붙이와 헤어져 어려움이 많았지만 꿈과 희망을 잃지 않고 살았다는 것입니다. ○○○ 님이 어려운 환경에서도 꿈과 희망을 잃지 않았다는 것은 그만큼 정신이 살아 있었다는 이야기입니다.

특히 다음 생에는 전무출신을 하겠다는 서원을 놓지 않고 일관

했다고 들었습니다. 서원을 가지고 산다는 것은 강급하지 않고 진급하는 길에 들어선 것을 의미하는 것입니다. ○○○님이 서원으로 살았으므로 앞으로의 길이 탄탄할 것으로 생각합니다.

두 번째는 공부와 사업을 잘했던 분이라고 들었습니다. 공부라는 것은 마음공부를 말합니다. 마음공부의 핵심은 심법心法입니다. 마음을 어떻게 갖고 어떻게 사용하는가의 공부입니다. ○○○님이 주변의 시비이해에 빠져들지 않은 것은 사리에 밝고 욕심이 없으며 덕이 있었다는 것이고, 종합하면 공부를 잘하셨다는 것입니다. 사리에 밝고, 욕심 없이 덕을 베풀고, 일과를 잘 지키고, 매일 기도의 정성을 바치고, 법문 사경도 성실히 하였으니 공부하려고 노력한 삶이었습니다. 이렇게 공부하며 서원이 굳건했고 심락을 누렸으니 진급으로 이어지는 내세의 삶이 되리라 생각합니다.

사업은 베푸는 것을 말합니다. 육신으로 베풀고, 물질로 베풀고, 덕으로 베푸는 것이 바로 사업입니다. ○○○님이 평소 남에게 피해주지 않으려 노력하고, 봉사하기를 좋아하였다 하니 사업심을 놓지 않은 삶이었습니다. 이런 습성은 반드시 내세로 이어져 다음 생에는 보살심의 싹을 그대로 가지고 출생하여, 그 출발이 좋을 것으로 생각합니다.

한생 잘 살았나 못 살았나 하는 것은 마음공부를 얼마나 하고 살았나, 복은 얼마나 짓고 살았나 하는 것으로 결론이

나는 것입니다.

나옹[懶翁. 1320~1376] 대사에게 누님이 한 분 있었습니다. 그런데 누님이 너무 가난하게 살고 있어 이 모든 것이 지은 복이 없어 그렇다는 것을 나옹 대사가 알고 있었기 때문에, 누나에게 복을 지어 복을 받게 하려고 방편을 써 말했습니다.

"누님, 제석천왕을 모셔다가 공양하면 복을 받게 될 테니 음식 장만을 해놓으십시오."

이렇게 말한 나옹 대사가 석양에 거지 두서너 명을 데리고 누님의 집을 찾았습니다.

누님은 동생이 제석천왕을 초대한다는 말에 정성껏 음식을 장만해 놓고 문틈으로 내다보았습니다. 그랬더니 온다던 제석천왕은 아니 오고, 동생이 웬 험상궂은 거지들을 데리고 들어오는 것이었습니다. 누나가 화가 나서 나옹 대사를 향해 야단을 쳤습니다. 그러나 나옹은 여전히 거지떼를 들여 앉힌 후 밥을 먹이려 하였습니다. 그러나 누님의 화풀이가 워낙 심하여 나옹 대사와 거지들은 수저만 겨우 잡아보고 나올 수밖에 없었습니다.

나옹 대사가 나오면서 탄식조로 말했습니다.

"누님은 제석천왕을 그렇게도 못 알아보시오? 복을 좀 지어 주려했더니 별수 없구려!"

이생의 삶은 그 어떤 삶을 살거나 살았거나 전생의 마음과 무관하지 않고, 지금 가지고 있는 마음과도 무관하지 않아 모두가 일체유심조입니다. 나옹 대사의 누님처럼 부처를 알아볼 지혜가 없어 복을 짓지 못하면 가난과 무지에서 벗어날 길이 없습니다. 분명한 것은 지은 대로 받고, 가면 반드시 온다는 것입니다.

송벽조[宋碧照. 1876~1951. 久山] 교무는 정산[鼎山-宋奎. 1900~1962. 구인제자] 종사의 아버지입니다. 소태산 대종사께 귀의한 후 원기4년(1919) 가족을 거느리고 영광으로 이주하였습니다.

정산 종사가 종법사의 위에 올랐을 때 송벽조 교무가 정산 종사에게 말했습니다.

"고향에 한 번 다녀오자."

정산 종사가 부친의 말씀을 받들려 하였으나, 시국의 형편과 교중의 사정으로 뜻을 이루지 못하고 주저하고 있을 때 아버지가 열반하셨습니다.

어느 날 정산 종사께서 말씀하셨습니다.

"꿈에 돌아가신 아버님이 보인다. 아버지께서 고향을 못 잊어 하시더니, 고향 가서 태어나셨다. 장성하면 우리 회상으로 돌아와 다시 전무출신을 하게 되리라."

송벽조는 소태산 대종사님께 절대 신성을 바쳤던 분입니다. 이 공부와 사업을 하고 가셨던 분입니다. 그래서 다시 이 회상에 오시게 되는 것입니다.

"사람의 영식이 이 육신을 떠날 때 처음에는 그 착심을 좇아가게 되고, 후에는 그 업을 따라 받게 되어 한없는 세상에 길이 윤회하나니, 윤회를 자유 하는 방법은 오직 착심을 여의고 업을 초월하는 데에 있느니라."

착심을 갖지 말라고 강조하는 이유가 이 법문에 나와 있습니다. "근래 사람들이 혹 좋은 묘 터를 미리 잡아 놓고 거기에 자기가 묻히리라는 생각을 굳게 가지는 수가 더러 있으나, 그러한 사람은 명을 마치는 찰나에 영식이 바로 그 터로 가게 되어 그 주위에 인도 수생의 길이 없으면 부지중 악도에 떨어져서 사람 몸을 받기가 어렵게 되나니 어찌 조심할 바 아니리요."

다시금 ○○○ 교도님께 법문을 강조합니다. 이생의 서원 그대로 전무출신 서원을 크게 세우고 착 없이 떠나시기 바랍니다.

아름다운 이별

아난은 부처의 10대 제자 중 한 사람으로 부처의 그림자와 다름없이 살면서 부처의 말씀을 가장 많이 들었던 사람입니다. 그래서 아난을 '다문 제일多聞第一'이라고 했습니다. 아난이 이렇게 살았기 때문에 부처님께서 열반에 이르자 가장 슬프게 울었습니다.

부처님께서 이러한 아난을 향해 말씀하셨습니다.

"아난아, 울지 마라. 이별이란 우리에게 가깝고 소중한 모든 것에서 피할 수 없는 것이라고 내가 이미 말하지 않았더냐. 태어나고 생겨나고, 조건 지워진 모든 것은 무엇이나 그 자체 안에 사멸死滅할 성질을 포함하고 있단다."

아난을 향해 말씀을 마친 부처께서 마지막으로 "그대들에게 간곡하게 말한다. 모든 형성된 것들은 무너지게 마련이다. 부지런히 정진하라."고 한 뒤 열반에 드셨습니다.

부처의 유언과 같이 세상의 그 어느 것도 영원한 것은 없습니다. 끊임없이 변할 뿐입니다. 그래서 모든 것은 꿈과 같고, 허깨비와 같고, 거품과 같고, 그림자와 같고, 이슬과 같고, 번개와 같다고 했습니다.

부처께서 유언에서 밝혔듯이 자연의 이치가 그 어느 것에도 마음을 묶어둬서는 안 된다는 것을 이해하지만, ○○○님과 이생의 인연을 같이했던 우리가 모두 그 떠남을 매우 아쉬워하는 것은 ○○○님이 이 일생을 잘 살고 가셨기 때문입니다.

○○○님은 따뜻하고 자상한 분이었습니다. 주위의 어려운 사람에게 도움을 주려 했고, 여름휴가를 이용해 해외 봉사를 떠날 때에 그것을 기쁨이자 보람으로 여기는 사람이었습니다. 특히 사람과의 관계에서 그 사람의 장점을 찾아 응원하는 사람이었습니다.

○○○님은 실력을 갖춘 직업인이었습니다. 한의사로서 많은 사람의 아픔을 치유해주고, 찾아오는 환자들의 마음을 헤아려 직업이 아닌 인술로 대했습니다.

제가 12년 전부터 6년간 부산교구장직을 수행할 때였습니다. 때로 깊은 밤에 식중독이나 위경련으로 손을 쓰기가 어려워 ○○○님에게 전화하면 싫은 표정 하나 없이 걱정스러운 얼굴로 달려와 저를 치료해줬던 것만 보아도, ○○○님은 진실하게 인술을 베푸는 의사였습니다.

○○○님은 참 다재다능한 사람이었습니다. 음악적 재능이 있어 작곡도 하고, 그림도 잘 그렸으며, 운동도 잘하는 사람이었습니

다. 그래서 나이 들면 의료낙후지역인 동남아에서 무료 봉사하며 그림을 그리겠다고 미래를 설계하기도 했던 사람입니다.

　이처럼 ○○○님의 삶을 두고 한 마디로 말하라면, 원만한 사람으로 원만한 삶을 살았던 분이라고 말씀드리고 싶습니다.

　소태산 대종사의 문하에 문정규[文正奎. 1863~1936. 冬山]라는 교도가 있었습니다. 어느 날 문정규 교도가 소태산 대종사님께 조카사위인 김동순이 간밤에 죽었다고 말씀드렸습니다. 김동순은 소태산 대종사가 구인 제자들과 바다를 막아 논으로 만든 간석지를 보고 감동한 사람입니다. 하루는 언[둑]의 배수문이 목재로 되어 부식한 것을 보고 상당한 비용을 쾌척하여 콘크리트 수문을 만들게 했습니다. 그러나 김동순은 갓 마흔을 넘긴 나이에 황달이 심해 흑달이 되어 죽었습니다. 소태산 대종사께서 김동순의 상가인 전주까지 몸소 찾아가 문상하시고, 가족을 위로함과 동시에 만장을 써주셨습니다. 그 내용의 일부를 보면 이렇습니다.

　사람마다 가는 기약은 알지마는 오는 기약은 모르도다
　올 래[來] 자가 아니면 갈 거[去] 자가 왜 있으며
　갈 거 자가 없으면 올 래 자가 있을쏘냐
　갈 거 올 래 하는 때에 나올 기약을 알아보소
　　중략

서산에 졌던 해가 동방에 밝았도다
거년에 누런 가지 금년에 푸렇도다
허허 몽중이로고 모두가 꿈이로다.

생사는 본래 하나입니다. 생사는 거래입니다. 생사는 변화이고, 순환하는 것입니다. 그러므로 우리는 늘 생사 속에 있으면서도 생사를 깊게 깨닫지 못하여 생사를 고통과 슬픔으로만 접합니다. 생사는 편안한 것이 아닙니다. 그래서 부처님께서 고해苦海라고 하셨습니다. 가고 오고 왔다가 가는 당사자도 힘들지만 인연을 같이한 사람들도 힘들기 마련입니다. 누구나 고통과 슬픔의 굴레를 벗어나고자 합니다. 그렇다면 마땅히 잘 살다 잘 가고, 잘 갔다가 잘 오는 힘을 길러야 합니다.

전생을 알려달라고 묻는 제자에게 정산[鼎山-宋奎. 1900~1962] 종사님께서 이렇게 말씀하셨습니다.
"말해 줄 수는 있지만, 네가 감당할 수 없어 말할 수 없다."

모든 사람이 한없는 세월을 살면서 지은 업이 어찌 아름답기만 하겠습니까? 그 아름답지 못했던 것을 알았을 때 정신적 능력이 있으면 그를 활용할 수 있지만, 정신적 능력이 미치지 못할 때에는 그것을 수용할 힘이 없으므로 모르는 것만 못합니다. 그래서 진리를 깨달은 사람들이 지난날의 업보다 미래의 업을 중요하게 여겨 현재를 잘 살라고 하였습니다.

이별에 짧은 이별도 있고 긴 이별도 있습니다. 분명한 것은 회자정리會者定離라 하여 만나면 헤어지고 헤어지면 반드시 만나므로 다시 만날 때의 기쁨을 생각할 수 있어야 가는 자나 남는 자나 여유가 있습니다.

이별을 아름답게 해야 합니다. 그래야 만남이 아름답습니다.

아름다운 이별, 생사의 이치를 알아 생사를 해결하면 더없이 좋을 일입니다. 생사를 해결하는 데는 세 단계가 있다고 했습니다.

첫 단계는, 본래 생사가 없고 생사가 둘 아닌 자리를 깨달아 아는 것이라 했습니다.

깨달음의 출발은 모든 것이 하나임을 아는 것입니다. 그래서 깨닫고자 하는 사람에게 '만법귀일'의 소식을 묻는 것입니다. 음양이 하나이고, 주야가 하나이고, 고금이 하나이고, 생사 또한 하나입니다. 또한 이 하나라고 하는 것도 본래는 없는 것입니다. 하나임을 알아야 생사가 해결됩니다. 생사가 둘이라는 생각을 갖고 있는 한 고통과 윤회를 면치 못하고, 천업 또한 돌파할 수 없습니다.

두 번째 단계는, 본래 생사가 없고 생사가 둘 아닌 자리

를 체 받아 지키는 것이라 했습니다.

　재산을 가진 사람이나, 명예를 가진 사람이 가진 것으로 그치면 그 재산과 명예는 유지되지 않습니다. 그것을 유지하기 위한 노력이 끊임없이 이어져야 가능한 것입니다. 왜냐하면 세상의 그 어느 것도 그대로 멈춰 있는 것이 없기 때문입니다. 움직임의 중심이 되기 쉽지 않습니다. 그래서 알기도 어렵지만 지키는 것이 더 어려운 것입니다.

마지막 단계는, 본래 생사가 없고 생사가 둘 아닌 자리를 베풀어 활용하는 것이라 했습니다.

　한번 만난 인연은 상생이 되었든 상극이 되었든 이어지게 됩니다. 다만 변화가 있을 뿐입니다. 상생이 상극으로 변할 수 있고, 상극이 상생으로 변할 수 있습니다. 마음공부를 한다는 것은 상생으로 만난 인연이 또 상생으로 만날 수 있게 노력하는 것이고, 상극으로 만난 인연이 상생으로 돌려서 다음에는 상생의 인연으로 만나게 하는 노력입니다. 그래서 한없는 세상을 상생의 인연으로 이어가게 하자는 것이 수행이고 제도라고 하는 것입니다.

　우리가 모두 떠나신 ○○○님과 세세생생 상생의 인연으로 만나기를 서원하고, 이생을 살아가는데 혹시라도 상생을 상극으로 만들거나 상극에 상극을 더하는 삶을 살지 않기로 서원하고 또 서원해야 할 것입니다.

착 없는 마음과 큰 원력

○○○ 영가시여!

영가의 한생은 많은 사람의 건강을 돌봐주었으나, 당신은 또 많은 세월 병고에 시달린 삶이었습니다. 이생의 병고가 한없는 세월에 지었던 업을 한꺼번에 다 받은 것이었다면, 베푸신 인술로 인해 앞으로의 생에 받을 바 선업이 되어 다시 새 몸을 받아 오실 때에 건강한 몸으로 오시리라 생각합니다.

인생은 영욕고락으로 점철되는 것입니다. 그 어느 인생도 영광과 기쁨만 있는 것이 아니고 영광과 기쁨만큼이나 욕됨도 있고 고통도 있게 마련입니다. 그래서 석가모니불께서 인생은 고락이 상반한다는 말씀을 남기셨습니다.

육신의 고통은 육신이 있을 때 생긴 것이므로 금생의 삶을 정리하실 때 그 모든 고통이 잠들고 편히 쉬는 49일이었을 것입니다. 다시금 다음 생에 몸을 받으실 때에는 이생에 지은 선업을 바탕으로 고통이 적은 인생이 되시기를 기원합니다.

소요[逍遙-太能. 1562~1649] 스님이 젊었을 때, 서산[西山-休靜. 1520~1604. 호-淸虛] 대사를 찾아가 선법을 물었더니 서산 대사가 소요 스님도 이미 아는 《능엄경》을 매일 다섯 줄씩 가르쳐 주었습니다. 소요 스님이 짜증스러워 그만 돌아갈 생각을 했습니다. 그런데 서산 대사는 소요 스님이 없는 틈을 타 조그만 책을 보곤 했습니다. 이도 한두 번이 아닌 하루 여러 차례 반복을 하자 소요 스님이 궁금했습니다. 그래서 서산 대사가 잠든 틈을 타 그것을 꺼내 보려 하였고, 그때마다 서산 대사가 화들짝 놀라 일어나 그 책을 더 소중히 하는 것이었습니다. 다음 날 소요 스님이 서산 대사를 향해 하직 인사를 하자 서산 대사가 그토록 소중하게 여기던 책을 던져주며 말했습니다.

"이 사람아, 가려거든 이 책이나 가지고 가게."

인사를 마치고 한참 걷던 소요 스님은 나무 그늘에 앉아 그 책을 꺼내 보았습니다.

책에는 이런 선시가 있었습니다.

"가소롭다. 소를 탄 자여, 소를 타고 다시 소를 찾는구나. 장래 그늘 없는 나무 밑에 앉으면 수중의 거품이 모두 소멸하리라."

소요 스님이 시를 읽고 읽다가 의심이 깊어져 서산 대사에게 시의 뜻을 묻고자 절로 돌아오니, 서산 대사는 그사이 열반에 들고 시신만 남아 있었습니다.

서산 대사가 다음의 열반 시를 남겼다고 합니다.

생은 어디로부터 좇아 왔다가
죽으면 어디를 향해 가는 것인가?
삶이 한 조각 구름이 일어나는 것이라면
죽음은 그 구름이 사라지는 것과 같은 것,
뜬구름이 본래 그 실체가 없듯이
낳고 죽고 오고 가는 것 또한 이와 같은 것이라네.

대다수의 사람은 한생의 삶이 전부인 것으로 생각하고 살아갑니다. 그러나 시간은 영원한 것이어서 몸이 바뀌어도 영혼은 멸하지 않아, 어떤 형태의 삶이 되었든 삶은 계속되는 것입니다. 그래서 생사를 거래라 하고 변화라고 합니다. 마치 해가 뜨고 지는 것과 같아 반복하고 순환하는 것입니다. 중요한 것은 살아 있을 때 몸과 입과 마음으로 지은 잘잘못이 다음으로 이어지는 것이므로, 살 때 삶을 잘 가꾸어야 하고 죽어갈 때에나 죽어서도 자신의 마음을 잘 챙겨야 합니다.

죽어갈 때 육신이 없는 영혼으로 머물러 있는 기간 아주 중요한 것은 착 없는 마음을 챙기는 일과 큰 원을 갖는 것입니다. 착이 있으면 한편에 치우쳐 세상을 바라보므로 바른 선택을 할 수 없으나, 반면에 원력을 크게 가지면 모든 착심이 녹아납니다.

○○○ 영가께서 이 순간 다시금 청정한 마음을 챙기고, 또 한 없는 세월 부처되어 중생을 건지겠다는 서원을 세워, 다음 생은 좋은 부모 만나 좋은 삶을 가꾸고 건강한 삶을 사시기를 기원합니다.

생사는 거래

일제강점기 때 총독부에서 전국 33본사 주지 스님을 모아놓고 이런 말을 했습니다.

"조선 승려들도 결혼을 하기 바란다."

이 말을 들은 수덕사의 만공[滿空. 1871~1946] 스님이 말했습니다.

"범계犯戒하면, 그 나라 물도 먹을 수 없고, 땅도 밟을 수 없다. 더욱 비구를 파계하면 죽어 축생이 된다. 고로 조선총독은 세세토록 지옥중생이 될 것이다."

이렇게 서슬 퍼렇게 불법을 지키고 나라를 사랑했던 만공 스님이 1946년 열반할 때의 일입니다. 시자에게 목욕물을 가져오게 하여 목욕을 하고, 옷을 갈아입은 뒤 거울을 가져오게 하여 거울 속의 자신을 향해 껄껄 웃으면서 말했습니다.

"자네와 내가 이제 이별할 때가 되었네."

만공 스님은 그렇게 열반했습니다.

천도는 자리를 옮기는 것을 말합니다. 우리의 삶에서 이사를 할 때 거들어주면 쉽게 이사를 하는 것처럼 한생을 마치고 다음 생으로 이사를 하는데 옆에서 도와주는 것이 바로 천도재라 생각하면 됩니다.

천도재에는 세 가지 뜻이 있습니다. 그 하나는 이고득락離苦得樂이고, 또 하나는 지악수선止惡修善이며, 마지막 하나는 전미개오轉迷開悟입니다. 고통에서 벗어나 즐거움을 누릴 수 있게 하는 것이고, 악을 멈추고 선을 행하도록 길을 열어주는 것이고, 어둠에서 밝음을 찾게 해주는 것입니다. 그러므로 세상을 뜬 뒤 누군가로부터 천도재를 받을 수만 있어도 아주 큰 복인 것입니다.

소태산 대종사님께서는 효도에 대해 말씀하실 때, 부모가 살아계실 때 육신의 봉양과 심지의 안락을 드리는 것만이 아닌 부모의 이름이 천추에 길이 빛나게 하는 것과 내가 잘 살아 부모가 빛나게 하는 것, 그리고 열반 후 천도재를 모셔드리는 것이 바로 효라고 말씀하셨습니다.

부처님의 법문에 의하면 후손이 조상을 향해 할 수 있는 효 중 그 어느 것보다 천도재를 모시는 일이 중요합니다.

천도는 재를 지낸다고 마무리되는 것이 아닙니다. 열반하신 영가께서 두 가지에 대해 마음을 챙겨야 합니다. 그 하나는 착심 없이 청정 일념을 챙기는 것이고, 또 하나는 원력을 굳게 세우는 일입니다. 이 두 가지만 챙기면 새롭게 몸을 받는 데에 어려움이 없을 것입니다.

바라옵건대 ○○○ 영가께서 부처님이 당부하신 대로 종재를 앞두고 남은 기간 청정 일념 챙기는 일과 원력을 굳게 세우는 일을 더욱 간절히 하시어 진정 천도의 길에 드시기를 간절히 기원합니다.

몸을 받는 두 가지 형태

사람이 태어나 한생을 사는 일은 전생의 업을 바탕으로 이생에 몸과 입과 마음을 쓰는 일로 이어집니다. 그리고 모든 것과의 만남으로 이어집니다.

한생을 마치고 어떻게 다음 생이 만들어지는 것일까요?

일단 이생의 몸과 영혼의 분리에서 시작됩니다. 그런데 몸의 숨이 끊어지지 않았는데 영혼이 뜨는 경우가 있고, 대체로 숨이 끊김과 동시에 영혼이 뜨게 되기도 합니다.

몸과 영혼이 분리된 후에는 어떻게 될까요?

일단 영혼이 몸에서 분리된 상태를 중음이라 하는데, 대체로 중음의 상태로 49일을 보내며 영혼에 따라 영혼이 몸에서 이탈됨과 동시에 몸을 받는 영혼도 있고, 여러 시차를 두고 몸을 받는 영혼들도 있어 그것이 일정하지 않다고 합니다.

몸을 받으면 자신이 전생에 못다 한 업과 이생에 지은 바 업으로 다음 생이 만들어집니다. 그리고 지금까지 지어 온 인연을 따라 몸을 받게 됩니다. 따라서 특별히 가깝게 지어놓은 인연이 있으면 그 인연에게 의탁해서 몸을 받고, 가까운 인연이 없으면 몸을 받지 못하고 허공을 헤매게 됩니다. 또는 아무렇게나 몸을 받게도 된다고 합니다.

몸을 받는 데에는 두 가지 형태가 있습니다. 그 하나는 영혼이 맑고 밝아 스스로 부모를 선택하는 경우이고, 또 하나는 정신력이 없어 업에 밀려 선택의 의지가 없이 몸을 받게 되는 경우입니다. 따라서 한생을 선택하는 중요한 기점에 놓일 경우 그 기점에서 가장 중요한 것이 있습니다.

살면서 선한 인연을 많이 짓고, 많이 베풀어 복덕을 쌓고, 성심으로 자신의 마음을 닦아 정신을 맑고 밝게 해두는 일입니다. 그리고 죽음의 순간과 죽은 후에 착심을 놓아 자신의 마음이 청정일념이 되게 해야 하는 일입니다. 만약 착심이 있으면 아무리 잘 이끌어 주려고 해도 다른 인력이 강하기 때문에 이끌어 주기 어렵고, 스스로 그 끈을 놓지 않으므로 제도하기가 어렵습니다. 그래서 죽음을 맞은 영가에게 가장 중요한 것은 착심을 놓는 일이며, 가까운 인연은 가신 분이 착 없이 가도록 도와야 하는 것입니다. 설사 착심이 조금 있다고 해도 서원이 크면 그 착심의 굴레를 벗어날 수 있습니다. 그 착심보다 훨씬 큰 힘을 가진 서원이면 굴레에서 벗어나게 되는 것입니다. 이렇게 해야 하는 이유는 영혼은 능력이 없을 경우 업에 밀리고 무명으로 자유를 잃기 때문입니다.

○○○ 영가시여!

착을 없이하고 서원을 굳게 세우시기 바랍니다. 그리고 착 없이 떠나시기 바랍니다. 금생에 맺었던 인연은 물론 본인이 노력해가지고 있다 남겨 놓은 모든 물질에 착을 놓으시기 바랍니다. 착심을 갖지 않아도 내세에 이생에 지은 모든 것이 당신 앞에 모여들게 되는 것이 자연의 이치입니다. 그러나 착심을 갖게 되면 인연과 모든 것들이 당신의 영혼을 어둡게 하여 미래를 가로막게 될 뿐입니다. 원을 크게 세우고 착 없이 떠나 새 몸을 받으시기 바랍니다.

당부드리고 싶은 것 두 가지가 있습니다.

하나는 오늘만 살고 마는 것이 아님을 굳게 믿으시라는 것입니다. 오늘을 살고, 이달을 살고, 금년을 살고, 이생을 산 후에는 내생을 살고 영생을 사는 것이 자연의 이치입니다. 우리는 인연에 따라 왔다가 인연을 따라가고, 인연에 따라갔다가 인연을 따라올 뿐입니다. 그러니 이생에 헤어진다고 섭섭해 할 일도 아니고, 미련을 가질 일도 아닙니다.

당부 드릴 또 하나는 자신이 지은 것은 반드시 자신이 열매를 거둔다는 것입니다. 선한 업을 지었으면 선한 업만큼 복락이 주어질 것이고, 악한 업을 지었으면 악한 업만큼 죄고가 주어질 것입니다. 선업을 지었는데 죄고가 따를 리 없고, 악업을 지었는데 복락이 돌아올 일이 없습니다. 그리고 하늘이라 해도 내가 악업을 짓지 않았다면 죄고를 내릴 수 없는 것이며, 한번 맺은 인연은 지은 바대로 다신 만날 수밖에 없는 것입니다.

능력의 유무와 관계없이 자신이 지은 것은 반드시 자신이 받게 되며, 한번 만난 인연은 반드시 또다시 만나게 되며, 마음을 굳게 먹으면 그리됩니다. 이것이 만고에 변함없는 진리이며, 우주를 총섭하는 대자연의 이치이고, 이 이치 속에서 우리가 살고 죽고 다시 태어나는 것을 반복하는 것입니다.

○○○ 영가께서는 굳게 믿고 알아 굳은 서원을 세우고 내생을 맞으셔야 합니다. 굳게 세워야 할 서원의 내용은 다음 생에도 그렇지만 영생을 잘 살기 위해서도 반드시 세우셔야 합니다.

그 하나는 기필코 사람의 몸을 받아 불법을 만나 마음공부 잘해서 진급하리라는 것이며, 그 둘은 다음 생은 물론 영생을 통해 만나는 인연 모두를 상생으로 만들지언정 상극으로 만들지는 아니하리라는 것이며, 그 셋은 다음 생은 말할 것도 없고 영생을 통해 내 몸과 입과 마음과 물질로 베풀 수 있는 만큼 베풀며 살리라 하는 것입니다.

이렇게 하시면 영가께서는 천도의 기연이 됨은 물론 세세생생 사람의 몸을 받아 복락을 누리고 지혜를 갖추는 삶을 살 것입니다. 잘 갔다가 잘 오시기를 기원합니다.

열반의 길 세 가지

이 세상에 영원한 것이 있다면 그것은 바로 인과의 진리뿐입니다. 인과의 진리는 절대적인 것입니다. 따라서 인과의 진리 외의 모든 것은 상대적이므로 끊임없이 변하는 그 자체로 영원할 뿐입니다. 만약 상대적인 것을 대상으로 또는 변하는 현상을 두고 영원을 삼으면, 착각에 빠져 자신의 영혼만 미혹하게 만들어 고통 속을 빠져나오지 못하고 윤회전생하게 될 것입니다.

영혼이 새 몸을 받아 이 세상에 모습을 보인 후 이 세상과 인연을 다하면 새 몸을 찾아 떠날 수밖에 없습니다. 이때 영혼의 능력을 따라 몸을 받는 것이 다르게 나타나는데, 소태산 대종사님께서는 《대종경》에서 보통은 49일간 영혼의 상태로 있다가 몸을 받아 가고, 영혼으로 몇 달 몇 해 동안 떠돌아다니다가 몸을 받기도 한다고 하였습니다.

그리고 대산[大山-金大擧. 1914~1998] 종사께서는 능력 있는 영혼은 몇천 년을 허공에 주해 있다가 몸을 받고 싶으면 받고, 또 받고 싶지 않으면 받지 않기도 한다고 하셨습니다.

대산 종사께서 대다수 영혼이 평소 애착을 많이 갖고 살아가므로, 영혼이 몸을 떠남과 동시에 몸을 받는 경우가 많아 49일간 머무는 영혼이 많지 않다고도 하셨습니다.

착심은 무서운 것입니다. 예사롭게 생각할 것이 못 됩니다.

소태산 대종사님께서 사람의 마음이 한 번 기울어지면 죽어도 그곳을 떠나지 못하여 삼천 년이 되어도 떠나지 못 하는 일이 있다고 말씀하셨습니다. 가옥이 변하여 황무지가 되고 마을이 변하여 바다가 되어도, 그 영혼이 그 자리에서 몸을 받게 된다고 《대종경선외록》에서 말씀하셨습니다.

또 소태산 대종사님께서 최후 일념의 중요성을 이렇게 말씀하셨습니다.

"사람이 명을 마칠 때 최후의 일념이 내세의 제1 종자가 되어서 그대로 움이 트고 나오는 것이다. 그러므로 사람의 일생 복 가운데 최후의 일념을 잘 챙겨 가지고 가는 것이 제일 큰 복이 되는 것이다."

영가께서는 명을 마칠 때 마음을 편안히 정리하고 계셨으니 천도 받는 것이 수월하리라 생각합니다.

어느 날 원평교당의 독실한 교도 한 사람이 대산 종사님 앞에 와서 자식들이 먼저 간 것을 탄식하자, 대산 종사님께서 말씀하셨습니다.

"정법에 인연을 맺고 갔으니 앞에 가나 뒤에 가나 염려할 것이 없습니다."

영가께서는 아내가 교당에 가는 것을 뒤에서 모름지기 도왔고 열반 전에 잘 귀의하셨으니, 천도 받는 일이 쉬울 것으로 생각합니다. 오늘 종재를 맞이하여 영가께서 더 확실하게 천도의 길을 걸으시라고 대산 종사님의 법문을 소개하겠습니다.

대산 종사님께서 사람이 세상을 떠나 열반의 길에 들 때 세 가지 필요한 것이 있다 하시면서, 그것은 큰 빛과 큰 보물과 큰 열쇠라고 하셨습니다.

큰 빛은 대 서원입니다.

서원은 성불제중 제생의세를 하겠다는 원입니다. 이는 부처를 이루어 모든 중생과 생령을 제도하고 이 세상을 낙원으로 만들겠다는 크고 굳은 원을 말합니다. 이렇게 서원을 세우고 열반에 드는 영은 환한 빛의 길이 나타난다고 하셨습니다. 영가께서는 물론 우리는 모두가 대 서원을 키우고 대 서원으로 살아야 합니다.

큰 보물은 대 신심입니다.

신심은 믿는 마음입니다. 세상 모든 것이 불생불멸하고 인과보응된 것임을 굳게 믿고 생사라는 것이 거래임을 굳게 믿는 것이 신심입니다. 그리고 대 신심이라면 믿음이 앞으로 나아갈 뿐 뒤로 물러서지 않아야 합니다.

대산 종사님께서 영가가 불생불멸한다는 이치만 알고 가도 격정할 것이 없다 하셨으며, 큰 신심의 보물은 영겁을 가지고 다녀도 무겁지 않은 가벼운 보배라고 하셨습니다. 복은 일시적으로 받으면 끝나는 것이지만 대 신심의 보배는 돈 한 푼 안 들이고도 부처를 따라다닐 수 있는 보물입니다. 석가모니불께서 연등불에게 바치신 그 신심으로 법을 받고 이으셨다고 하셨습니다.

영가께서는 물론 우리가 모두 인과에 대한 굳은 믿음을 갖고 생사가 거래임을 철저히 믿어 대 신심으로 살아야 할 것입니다.

큰 열쇠는 대 참회입니다.

참회는 얽히고 묶여 있는 업의 덩어리를 푸는 것입니다. 내가 언제 어디서 무슨 죄를 지었는지 모르는 것이며, 또 남의 가슴에 불덩어리를 남겨 두었는지 모르는 것입니다. 그러니 풀어야 한다고 대산 종사님께서 말씀하셨습니다. 그렇지 않으면 그 죄가 더 크게 되며 받을 때에는 수천수만 배 더하여 받을 수 있다고 하셨습니다. 따라서 참회 반성으로 풀고 가야 합니다. 청정 일념으로 떠나야 하는 것입니다.

　영가는 물론 우리 모두가 늘 참회 반성하여 청정 일념을 유지하고, 인연 있는 사람들은 영가를 위해 좋은 일을 많이 해줘야 할 것입니다.

　가족들에게 당부드릴 말이 있습니다. 떠나는 영에 너무 애착을 갖지 말라는 것입니다.

　구례교당 교도가 딸을 먼저 보냈는데 너무 애통해하자, 대산종사님께서 말씀하셨습니다.

　"간 딸을 너무 애착해도 좋지 않고 너무 미워해도 좋지 않다. 간 딸은 자기 인연 따라가는데 이쪽에서 너무 붙들어도 그 딸에게는 해가 된다."

　가족과 우리가 할 일은 영가가 미래를 개척할 수 있도록 도와주고, 영가의 다음 생을 위해 천도에 정성을 쏟는 일입니다. 앞으로 심고와 기도를 통해서 때때로 짧게라도 천도 축원을 해주는 자세를 놓지 마시고, 복을 많이 지어 드리기 바랍니다. 그러자면 교당과의 인연이 계속되어야 합니다. 마음은 놓으면 없어집니다. 오늘의 다짐을 계속 챙길 수 있도록 교당 내왕을 잘해야 합니다. 자신의 천도를 위해서도 교당 내왕을 하며 마음공부 잘 하시기를 당부드립니다.

아무쪼록 이 책이 영가, 유족, 친지들에게 정법에 인연을 맺는 소중한 기연이 되고, 마음에 위안이 되면 좋겠습니다. 생사 변화에 대한 깊은 통찰과 깨달음으로 안내하여 영가의 명로를 밝히고 진급의 길로 이끄는 공덕이 있기를 기원합니다.

천도재 설교
다음 생에
무엇으로 만날까?

2020년 3월 13일 초판 1쇄 발행
2020년 3월 20일 초판 2쇄 발행

지은이   김일상

펴낸이   주영삼
책임편집 천지은
교정·교열 김성도 박은범
디자인   김지혜
본문사진 천지연

펴낸곳   도서출판 동남풍
출판등록 제1991-000001호(1991년 5월 18일)
주소   54536 전라북도 익산시 익산대로 501
전화   063)854-0784
팩스   063)852-0784
홈페이지 www.wonbook.co.kr

인쇄   문덕인쇄

ISBN 978-89-6288-045-8(03200)
값 12,000원

*잘못 만들어진 책은 구입처나 본사에서 교환해 드립니다.
*이 책에 사용된 본문 글씨는 '원불교 한둥근체'를 사용하였습니다.